A BALL PEN DRAWING LESSON FOR EVERYONE

跟著瑪姬這樣畫

一支黑筆
就能畫的零基礎插畫課

瑪姬 MAGGIE──著

來，跟著我一起說：『**我，會，畫，畫。**』

呃，可是……

〝我怕我會畫錯……〞

畫畫不是是非題，沒有圈圈叉叉，

而且黑白畫有個好處，畫岔了，

塗黑就好啦～～～

『**畫畫是個未知旅程，每一筆每一步都是驚喜**』

〝我畫的不像耶…〞

如果你想變成照相機

你拿錯書了喔～

『**畫畫是畫感受力和創造力。**』

〝別人都說我畫的不好看……〞

爸爸媽媽哥哥姊姊妹妹男友女友朋友同學老師鄰居，

都不是你，

你的畫，你說了算！

『**畫畫是爲自己畫，不是別人。**』

現在，再說一次『**我會畫畫。**』

好，請翻開下一頁～

CHAPTER 1 繪畫的基礎

我們的原形：幾何

CHAPTER 2 植物

CHAPTER 3 動物

CHAPTER 4 日常

CHAPTER 5 構圖與層次

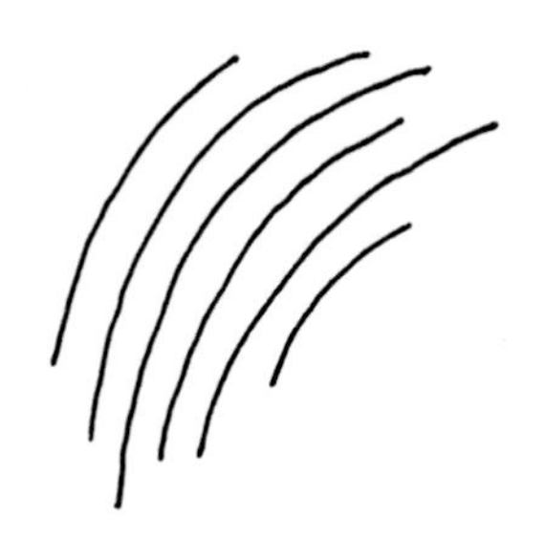

CHAPTER 1

繪畫的基礎

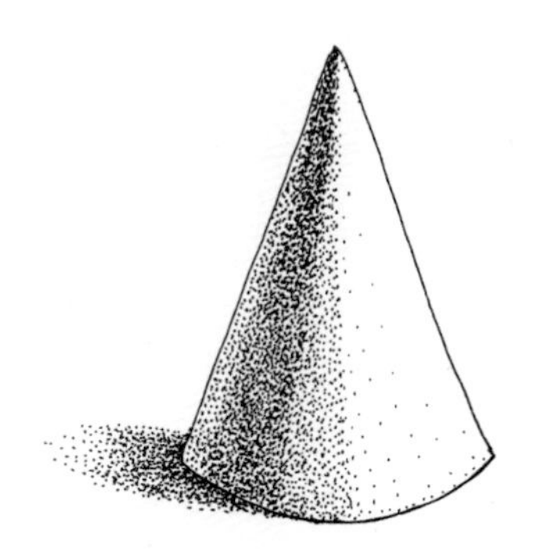

在開始畫畫前，首先要先打好基礎，

除了要準備好繪畫工具外，還必須了解一些作畫的基礎概念，

如此可幫助你在繪畫時，可以更快速上手。

BASICS 基本工具

畫畫前，你需要準備……

No.1 黑筆

全程以黑筆作畫，黑色原子筆、簽字筆、針筆、代針筆皆可，只要是自己習慣的、喜歡的就好。

A. 主要繪圖筆

通常我會使用三種不同尺寸（粗中細）的筆來作畫。粗筆用於外框線，中筆用於外框及細部線條，細筆用於細部線條。如果不想準備太多筆，選用一種尺寸的筆即可，建議選擇細筆 0.28，不建議選用 0.5，過粗不適於處理細部線條。

▪ 三菱鋼珠筆：

我個人最喜歡這個牌子的黑筆，線條尺寸差異明顯，且我偏愛筆頭較細的筆。

tips／ 若使用個人順手的其他品牌黑筆，記得準備粗、中、細三種尺寸。

▪ 三菱鋼珠筆

0.5/ 處理外框線

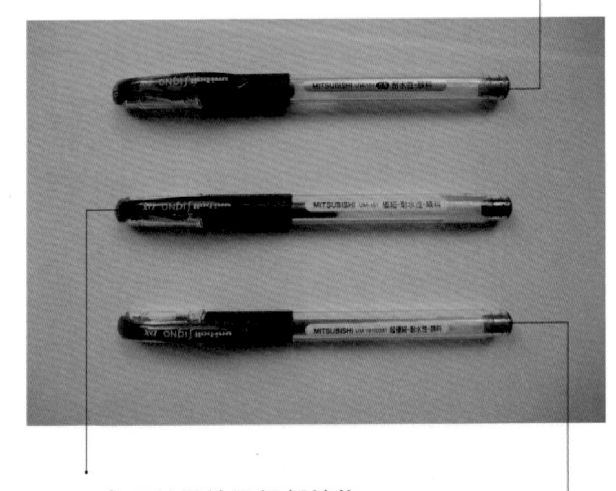

0.38/ 處理外框線及細部線條

0.28/ 處理細部線條

B. 大面積上色筆

下列黑筆是使用在大塊面積上色時。使用三菱鋼珠筆會太浪費墨水，所以我會使用卡式毛筆或是粗的黑色簽字筆來上色。如果不想準備太多隻，你也可以單純使用 A 項的黑筆就好。

▪ 自來水毛筆

吳竹 8 號卡式桌上型小楷毛筆

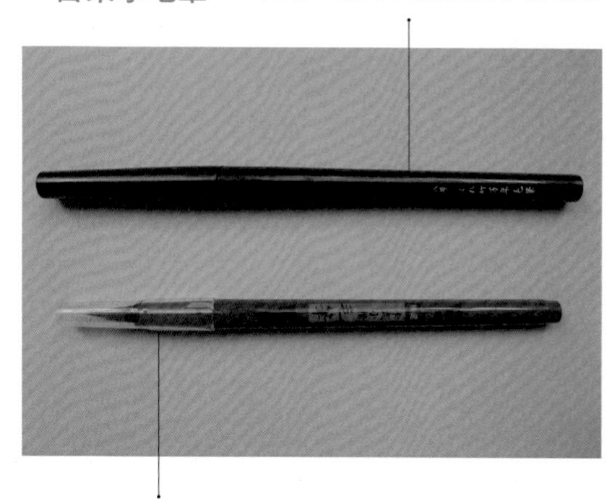

ACE 英士卡式小楷毛筆

▪ 粗黑色簽字筆

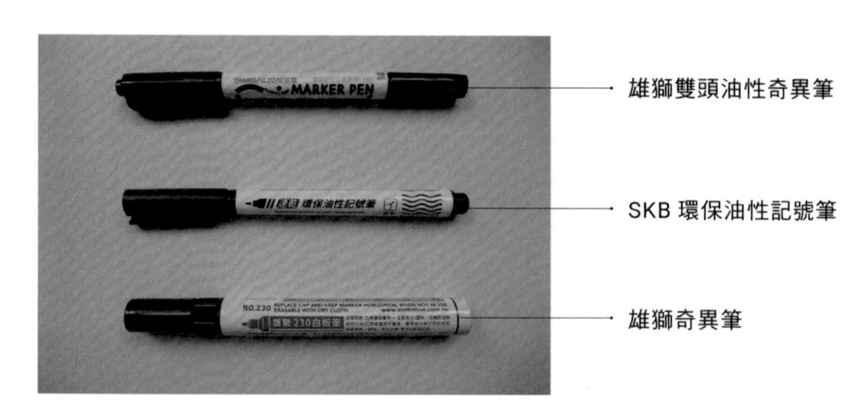

雄獅雙頭油性奇異筆

SKB 環保油性記號筆

雄獅奇異筆

tips/ 個人偏好卡式毛筆，氣味不像簽字筆嗆鼻，筆觸線條也較滑順，只是需要時間和筆相處磨合。

No. 2 紙張

A. 畫紙

表面光滑的紙張即可。以下列出的紙張類型皆可，選用自己喜歡的習慣的就好。

- A4 影印紙
- 一般空白筆記本
- sketchpad 寫生本 / 速寫本：
 目前手邊我使用的是台灣松竹 Rosa 系列 A5 繪圖本 /110 磅木漿繪圖紙
- 彩色明信片紙：
 畫完可以直接當明信片送人。

台灣松竹 Rosa 系列 A5 繪圖本。

彩色明信片。

▪ 其他材質：

如牛皮紙、色紙、描圖紙，舉凡有光滑表面的物件都可以，甚至可以畫在帆布袋上。（畫於帆布袋時，需使用油性簽字筆）

tips 採用表面紋理太多太明顯的美術紙時，勿使用筆尖較細的三菱鋼珠筆，因容易卡筆頭造成損壞。

B. 紙墊

廢紙或是衛生紙即可。用於墊在手腕下，防止作畫時一直移動手而摩擦到墨水弄髒畫紙。

ELEMENTS 三大要件

畫畫前，你需要認識……

我們的主角：線

線條其實千變萬化說不完，我們可以把它簡單區分爲下列五種。

A. 直線

舉凡沒有角度沒有間斷，都可視爲直線的一種。

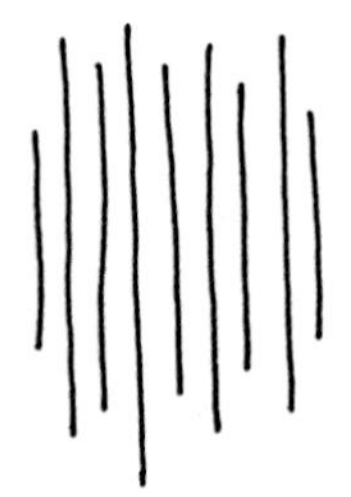

B. 弧線

任何有彎曲有角度的都可歸爲弧線。

C. 虛線

只要是斷開不連續的，皆可視爲虛線。

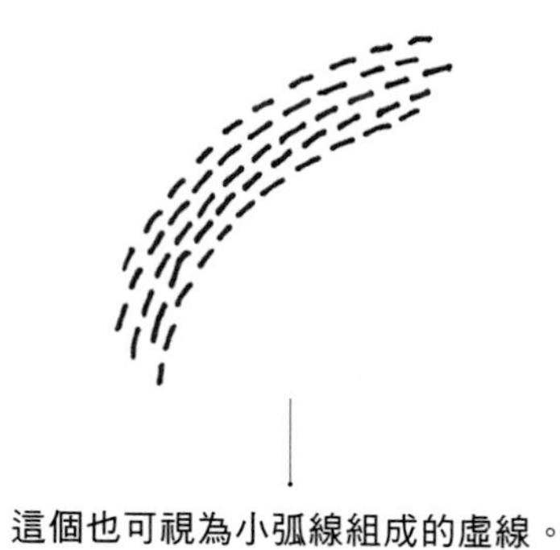

這個也可視為小弧線組成的虛線。

tips 虛線排列時，通常會讓空隙處錯開，視覺上才不至於太呆板。

例：

上圖空隙處一致，視覺上太僵硬。

D. 點

我個人非常偏愛的一種。雖然畫起來費時且有點累，但出來的效果是柔和漸進式的，很適合用在繪製陰影或質感較輕柔的物品。

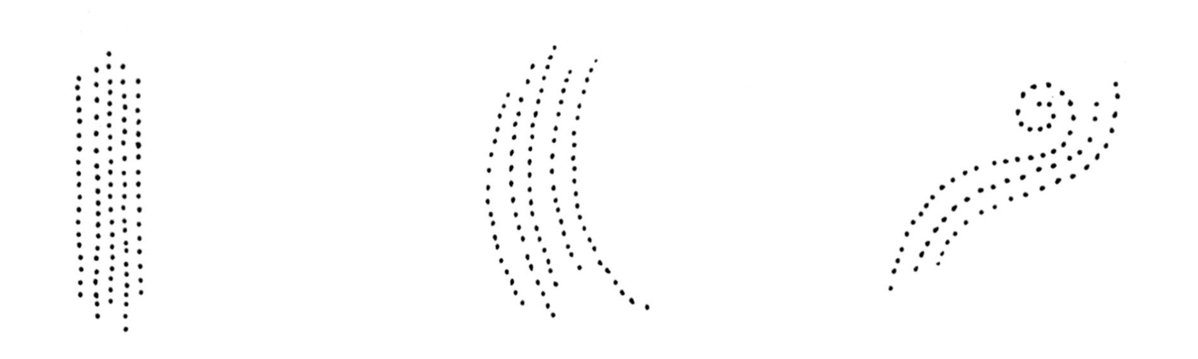

tips/ 繪製點時，盡量讓筆的角度與紙張呈現 90 度，然後垂直收筆。通常第一次畫點，收筆時容易有拖線狀況，變成小虛線的感覺。

例：

出現拖線狀況，有些點變成虛線。

E. 自由線條

這類線條是由直線、弧線、虛線和點，去做變形或延伸發展。樣貌千萬種，這邊列舉一些可能性。

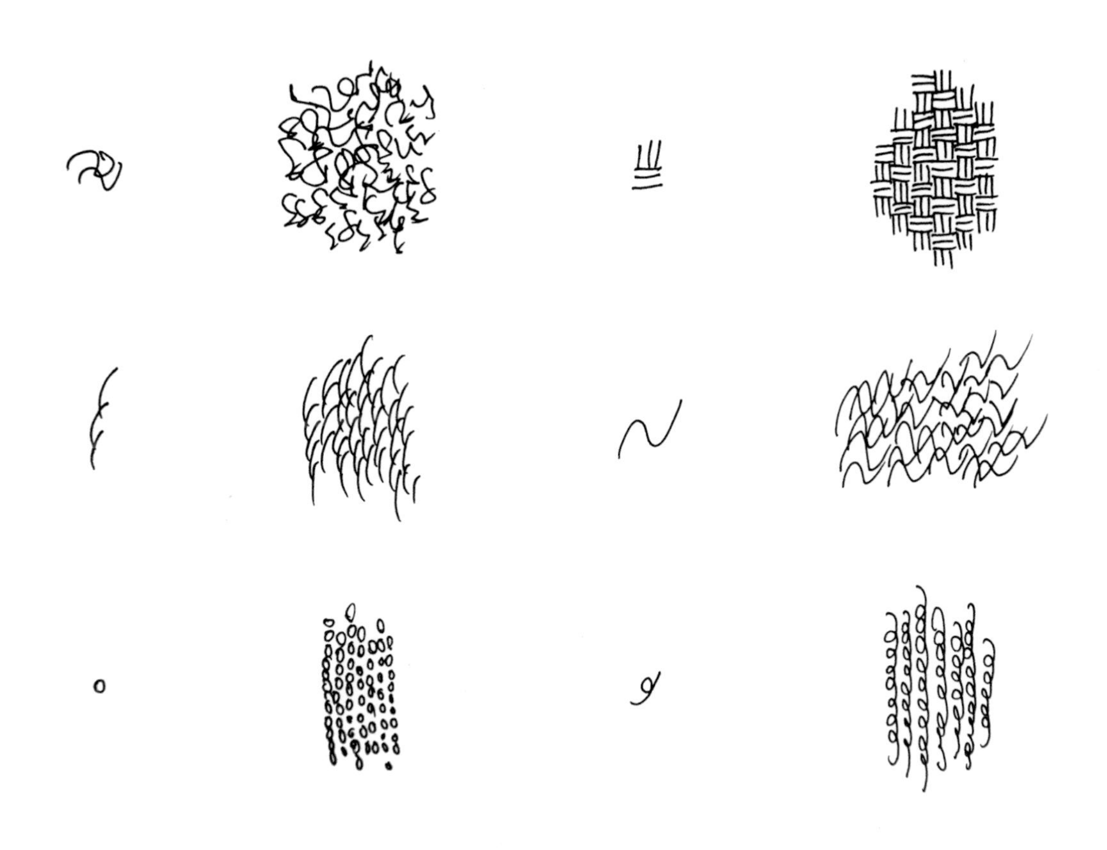

線條的運用：陰影

那麼黑白無色彩的線條該如何爲物體製造陰暗做出立體感呢？
看看下面這個三角圓錐體，若今天光源是從右邊來，那它的亮、暗面分佈將會是：

1 區：最暗面
2 區：第二暗
3 區：第二亮處
4 區：最亮處
5 區：陰影

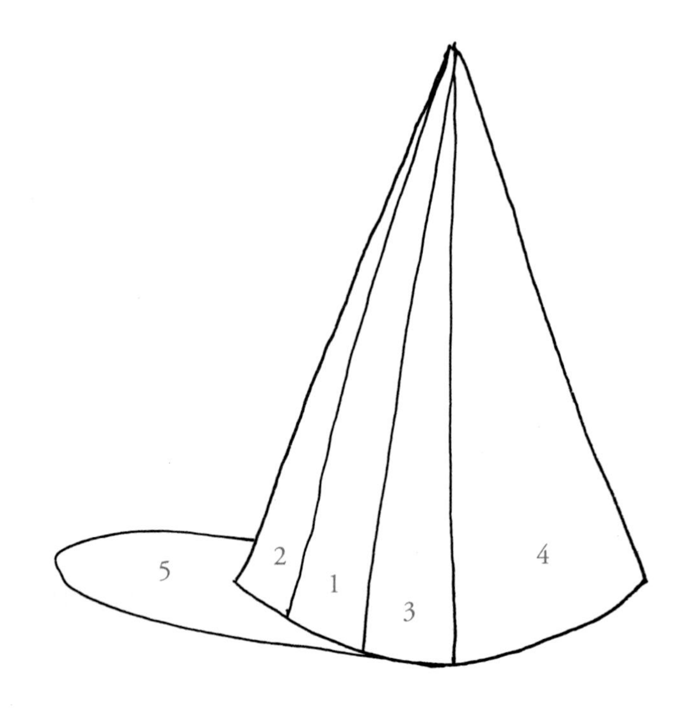

來看看怎麼畫出三角圓錐的立體感。

▪ 疏密

暗面處的線條鋪陳密一點，再慢慢從密到疏漸層到亮面。

▪ 示範 1

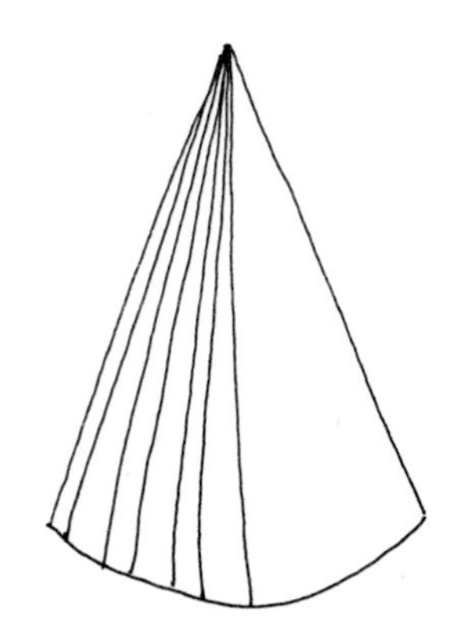

使用 0.38 筆將角錐體的 1、2、3 區先大致畫上細直線，線條間隔稍微開一些。

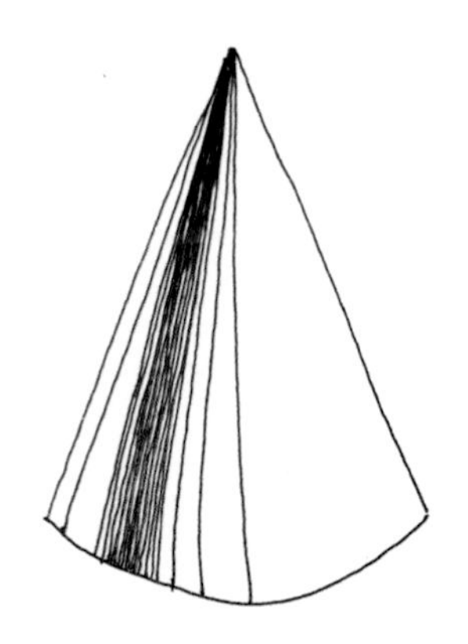

在第 1 區最暗面，使用 0.28 筆再鋪上一條條間隔相近的細線。

使用 0.28 筆爲第 2、3 區加上細線，此兩區的線條間隔比 1 區的線條間隔再開一些。最後加上陰影，陰影同樣也是越靠近錐體的地方，畫得越密。

▪ 示範 2

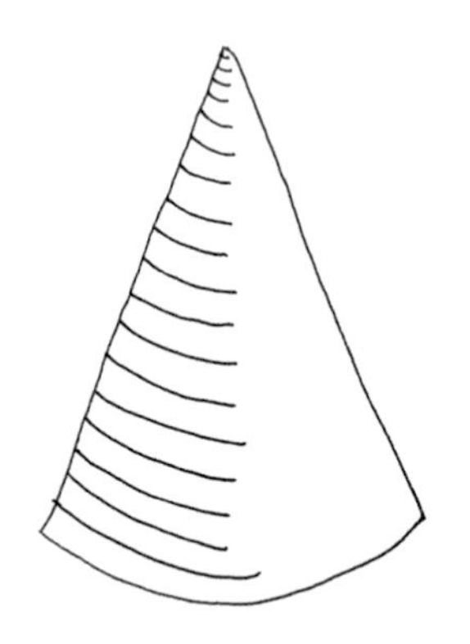

使用 0.38 筆先大略在 1、2、3 區畫上弧線，線條間隔稍微開一些。

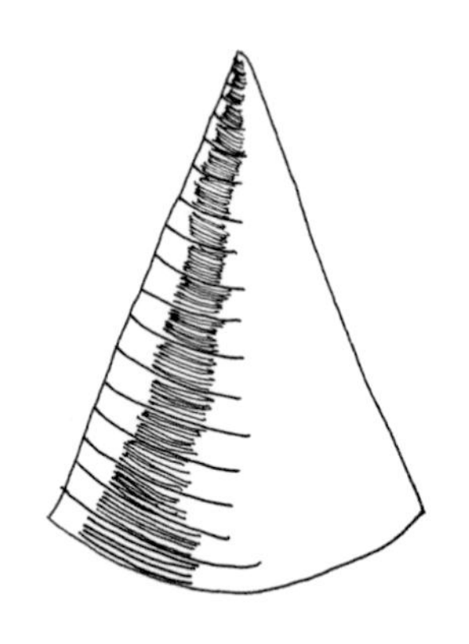

使用 0.28 筆爲最暗的第 1 區補上細線，此處線條間隔密一些。

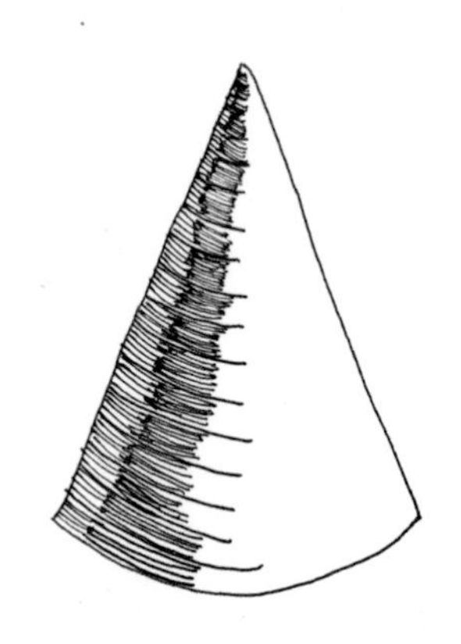

確定第 1 區線條的密稠度之後，第 2、3 區線條的密度就會比較好拿捏。

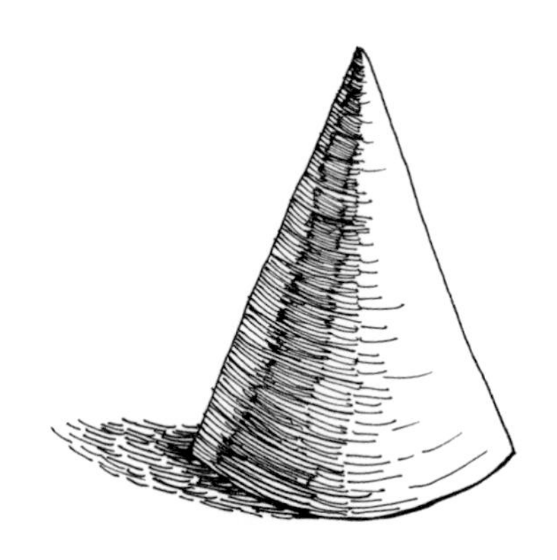

在第 4 區加上一些間隔較開的細線，讓暗到亮的漸層更自然。

▪ 示範 3

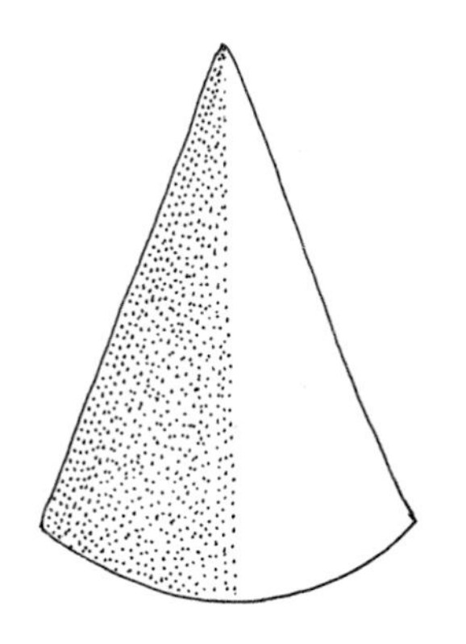

用 0.38 的筆先把第 1、2、3 區的點平均鋪好。

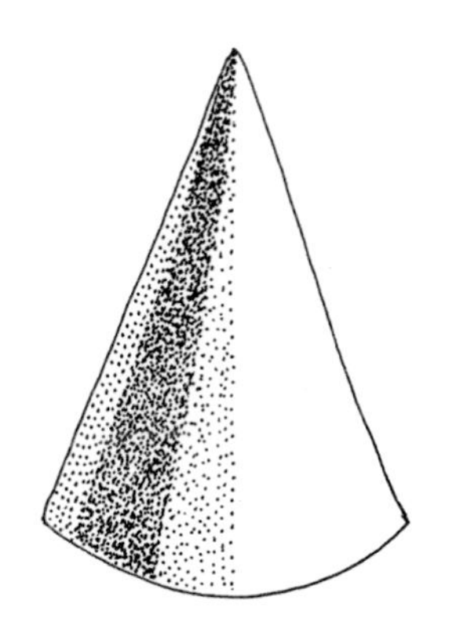

接著把最暗面 1 區的點完成。注意點不要黏在一起，可視情況與 0.28 筆交換使用。

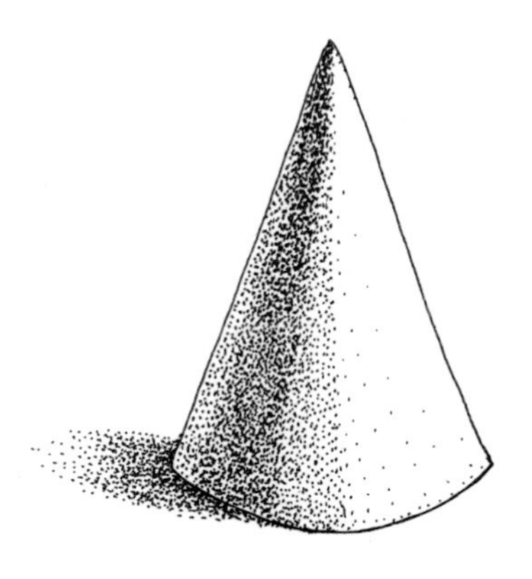

最後把第 2、3 區的點和陰影完成。（同樣地，可在第 4 區加一些小點。）

▪ 尺寸

改變線條的粗細或大小，製造出立體感。

▪ 示範 1

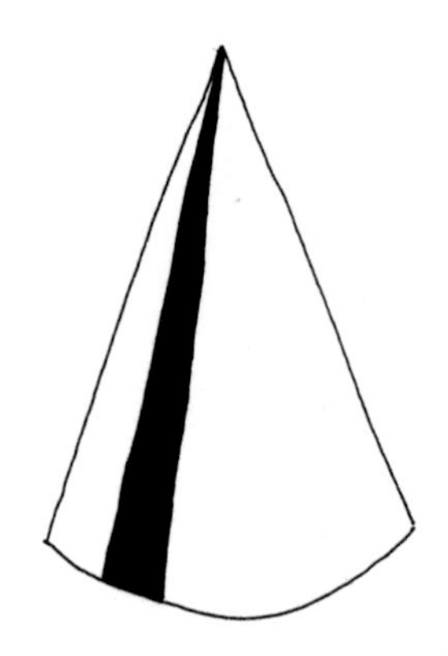

這次我們改成先畫出最暗面第 1 區的部分。

★提醒

確定最暗面的線條的尺寸後，比較好拿捏漸層到亮面的線條尺寸改變。不過，作畫順序沒有絕對，端看個人習慣和對線條掌握的熟悉度。

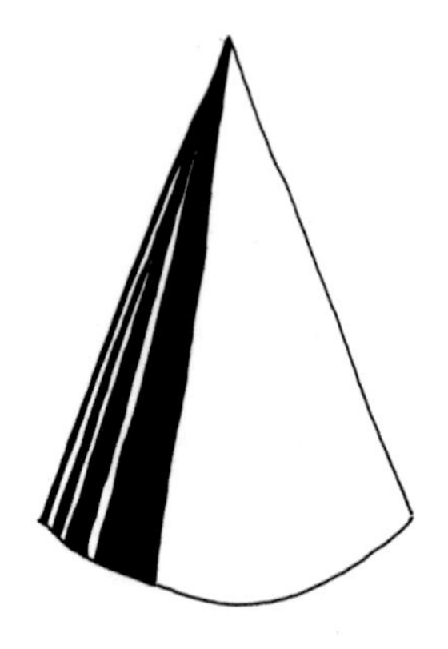

接下來繪製第 2 區的線條。這裡是第二暗區，線條的尺寸拿捏盡量是平順地從粗、中漸變到細。

最後處理第 3、4 區，一樣是粗中細慢慢漸變。陰影部分是越靠近錐體的線條越粗，然後慢慢拉長變細。

tips／ 從粗到細的漸層，請採漸進式，讓漸層是平順的，而不是突然斷層感，如右圖示範。

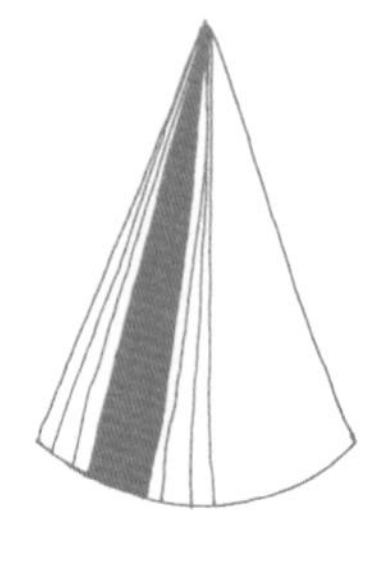

▪ 示範 2

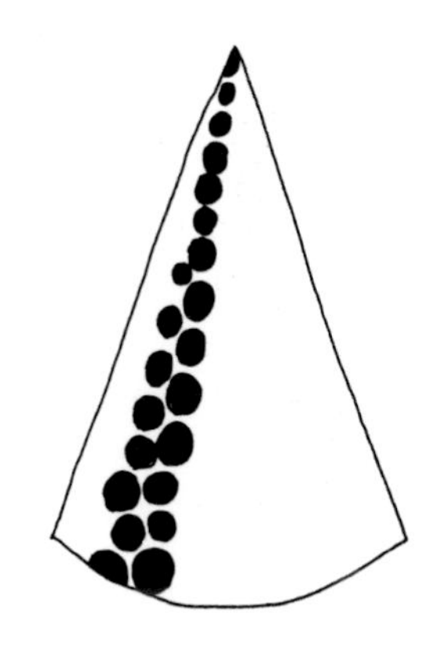

先決定暗面第 1 區圓點的大小。

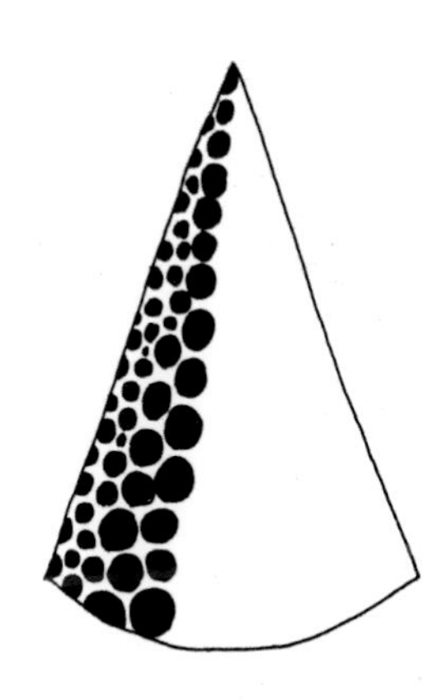

接著處理第 2 區的圓點。

第 3 區慢慢從圓漸層到第 4 區的點，讓漸變過程平滑。陰影部分也是離錐體越遠的部分，圓越小。

tips/ 圓點的排列不用規矩並排，可以錯落讓視覺上不至於太僵硬。

▪ 交錯 / 交疊

不同方向角度的線條重複堆疊，製造出陰暗面。

▪ 示範 1

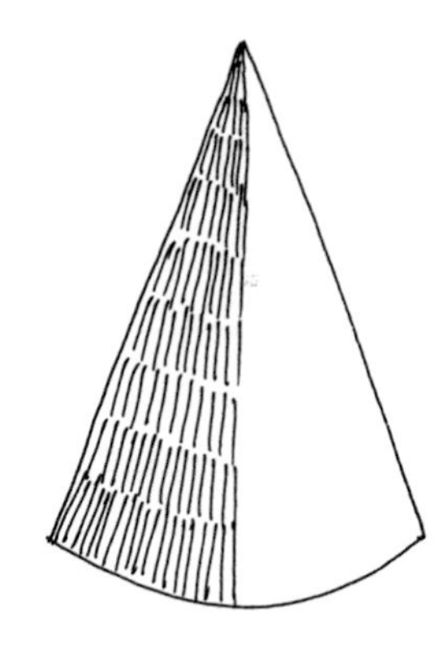

用直線先把第 1、2、3 區的線條鋪好。

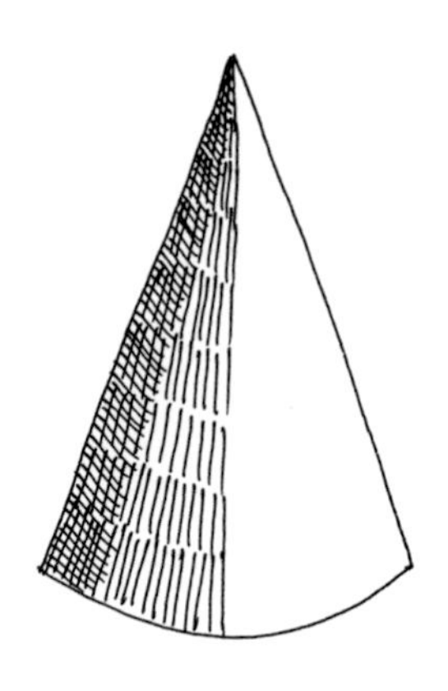

換上斜線鋪在第 2 區。

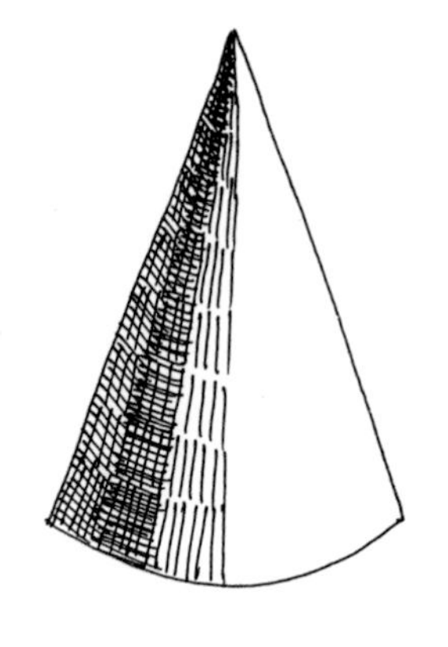

鋪上橫細線在第 1 區，此處是最暗區，線條間隔可密一些。

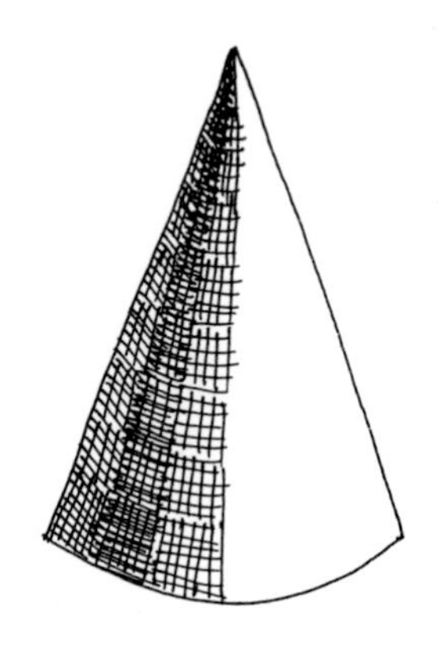

再鋪上間隔開一些的橫線在第 3 區。

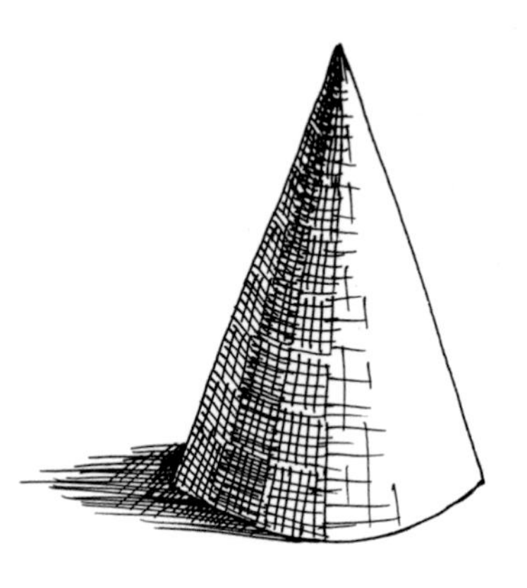

最後，在第 4 區零散地畫一些橫線及交錯的直線。陰影部分，用橫線把陰影的範圍先畫出來，靠近錐體的部分，再加上一些斜線交錯增加暗面。

▪ 示範 2

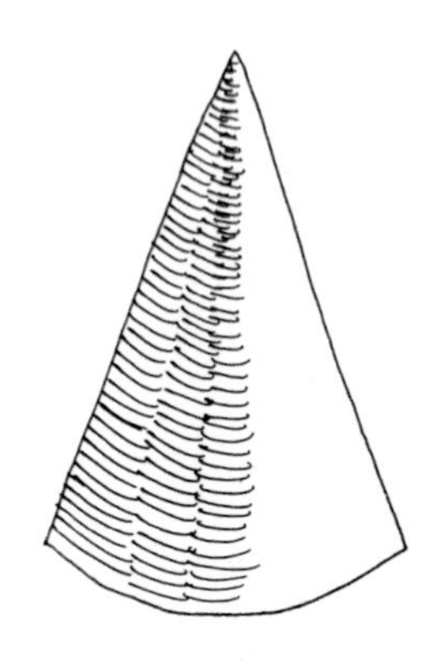

用小弧線把第 1、2、3 區的線條先鋪好。

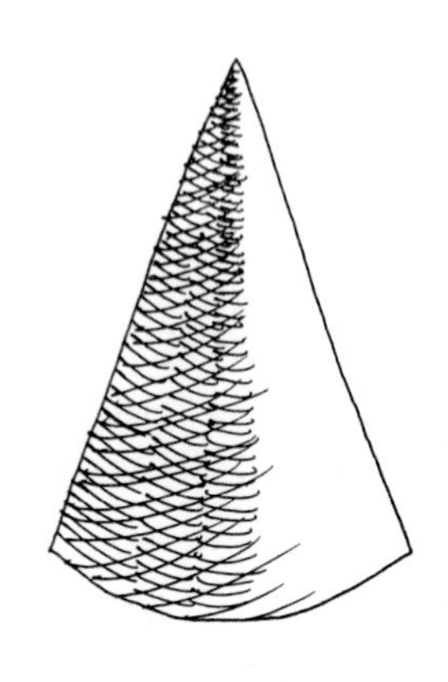

用斜的大弧線，從第 2 區一路畫到第 3 區。

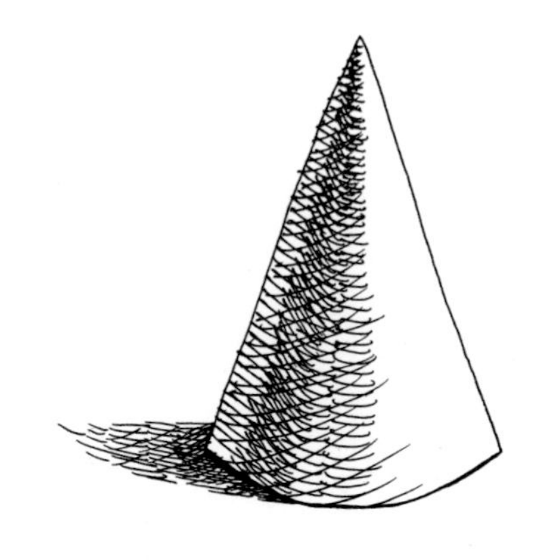

再換個不同角度的小弧線，疊在第 1 區，這次的弧線間距較密。陰影部分先鋪上和步驟 1 一樣的短弧線，然後在靠近錐體處，疊上不同角度的小弧線增加深度。

★提醒

此種方法交錯的線條角度端看個人決定，沒有絕對。畫久了，就會找到適合及個人喜好的角度來處理。此處線條角度的選擇，我是依照錐體的形狀來定的。

以上三大方法七組示範圖，有讓你比較了解該如何應用線條了嗎？繪畫裡千萬種的線條立體畫法，大致上離不開這三種方式，一旦熟悉了這些原則，就可以盡情自由發揮囉！

我們的配角：Pattern 圖案

Pattern 是什麼？
在日常生活中，我們隨時隨地都能看到它。

你早上吃的麵包，慶祝生日時的蛋糕和姐妹們的下午茶聚會裡，也都看得到它喔！

現在看看你身上或是房間內的物品，有沒有發現它們的蹤跡呢？

餐具杯盤和家具，也常使用它來裝飾點綴。

建築方面更是把它發揮到淋漓盡致。

你猜到什麼是 Pattern 了嗎？沒錯！它就是用點線面組成的一連串圖案。它讓事物變得豐富美麗。它，就是我們的調色盤。那麼，該怎麼調出 pattern 這個顏色呢？

Pattern 調配元素

▪ **重複**

重複是最基本的創作元素。舉凡戲劇，舞蹈或是音樂，都會運用重複這個元素來進行創作。

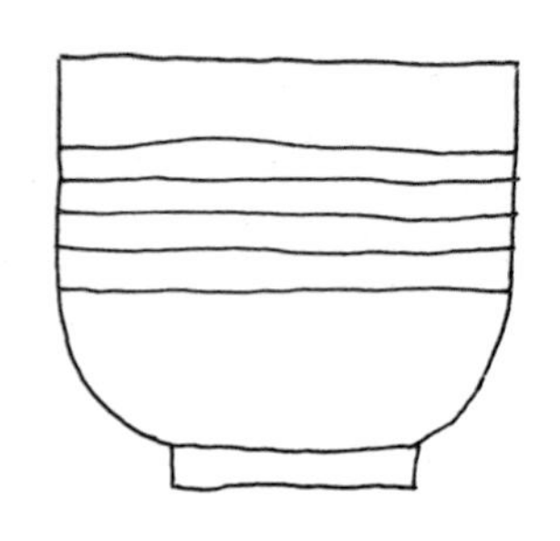

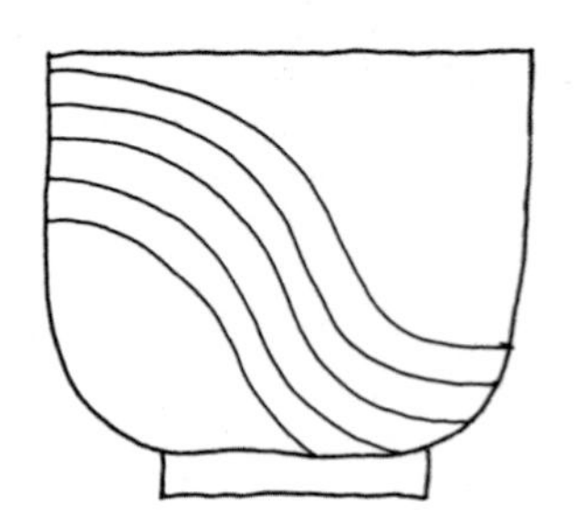

▪ 尺寸

變換幾何形或線條的粗細和大小。

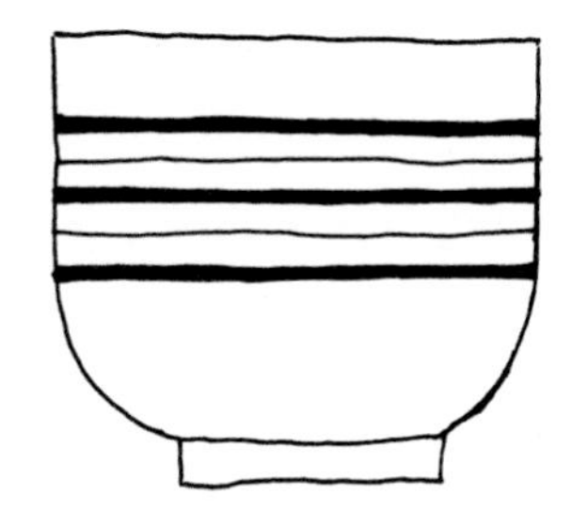

線條有了粗細之分後，就是另外一種感覺了。

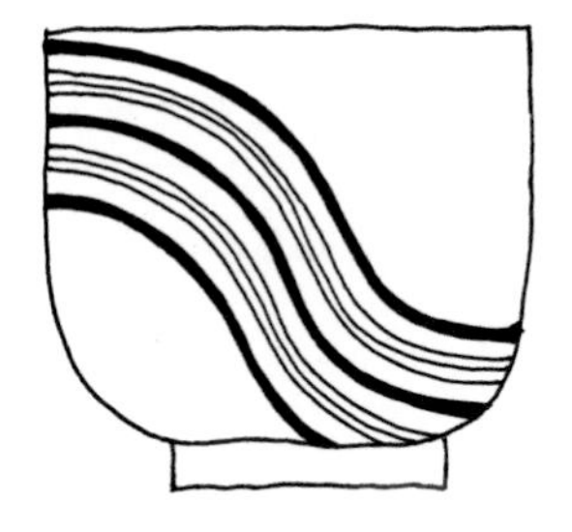

除了線條的粗細之外，也可以改變線條間距的尺寸。

在原本黑方塊的間隔中加入小方塊，視覺層次就多了些。

也可以逐漸縮小尺寸，營造漸層的效果。

▪ 方向

轉換線條或圖案的角度

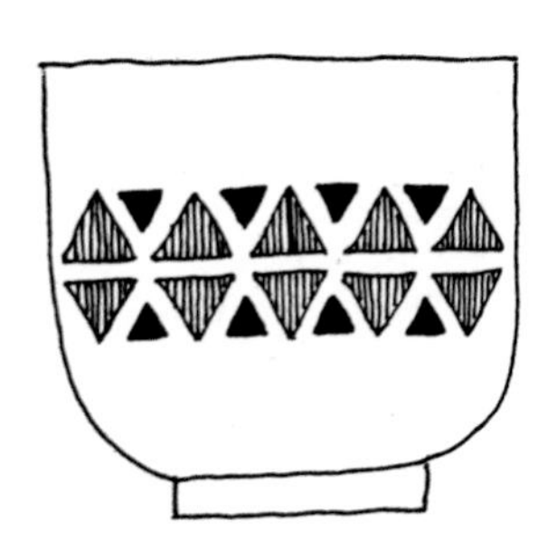

三角形是方向元素最好的示範。把三角形上下或左右翻轉排列，是很常見的 pattern 設計。

把螺旋線條左右反轉，就畫出了古代傳統感的紋飾。

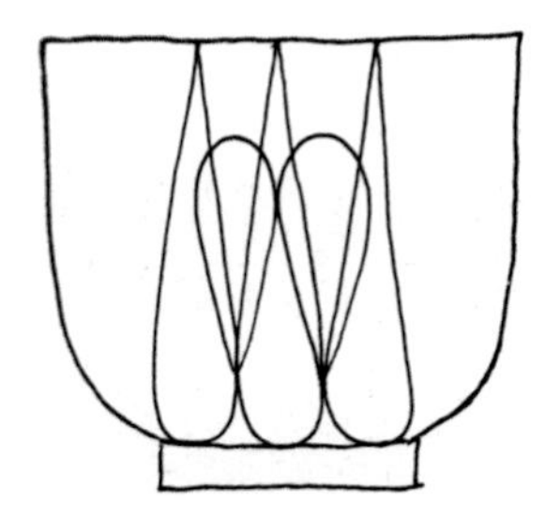

水滴型上下翻轉，加上尺寸改變，可以形成很典雅的花紋。

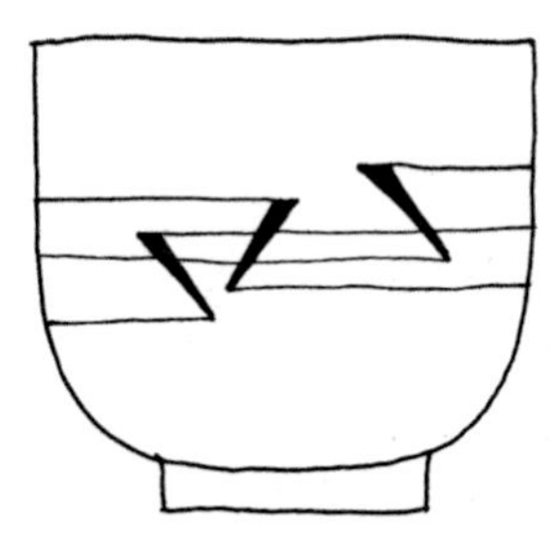

把類似閃電的曲折線左右翻轉，形成簡單耐看的 pattern。

▪ 陰陽

陰陽就是利用黑白兩色製造出多重的視覺效果，下面示範圖將一一解釋。

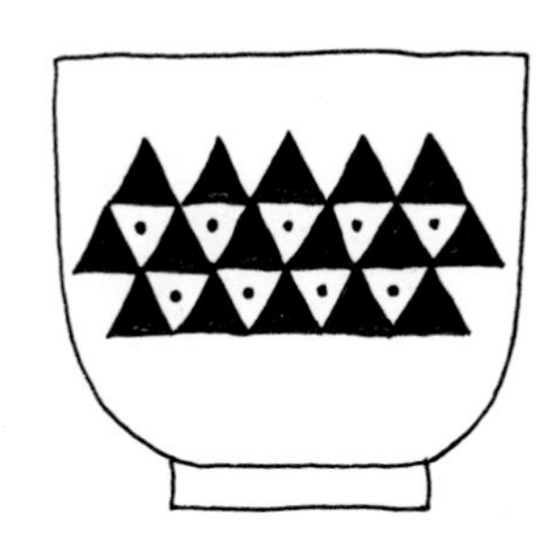

將黑色三角形交錯排列，產生的空隙會浮現白色倒三角形。這是陰陽最常見的示範圖案。

利用黑白重複反轉，讓簡單的圓產生多層次及遠近感。

利用線條交錯的地方，把它們塗上黑色，就會形成另一種圖案。

黑底白圖跟白底黑圖的感覺是很不一樣的，所以市面上常出現同樣圖案有黑白底兩種不同選擇。

爲了能清楚展示每個元素的使用，上列示範盡量只用一種線條或幾何形，運用二至三個調配元素來設計完成。實際上，在設計 pattern 時，通常會同時使用多個不同的幾何形或線條來做設計。

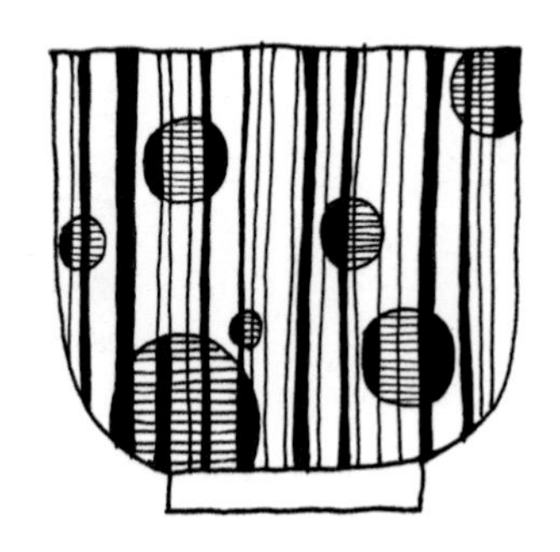

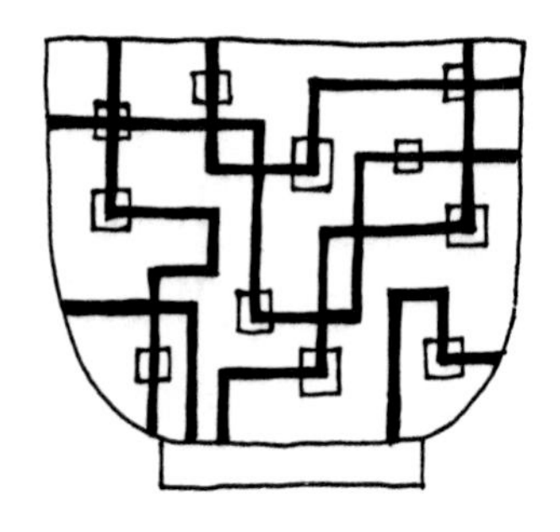

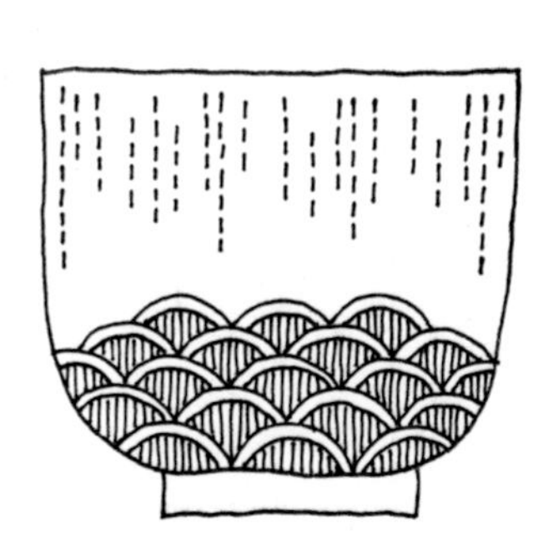

我們的原形：幾何

最後一樣你需要認識的是——幾何形。當我們想畫身邊美景美物時，一下會被他們的外形唬住，不知從何下筆。但你有發現嗎？世界上每樣東西其實都可以用幾何形來拆解，連你我也是喔～不相信嗎？那就跟我一起來拆解看看！

示範 1：沙拉

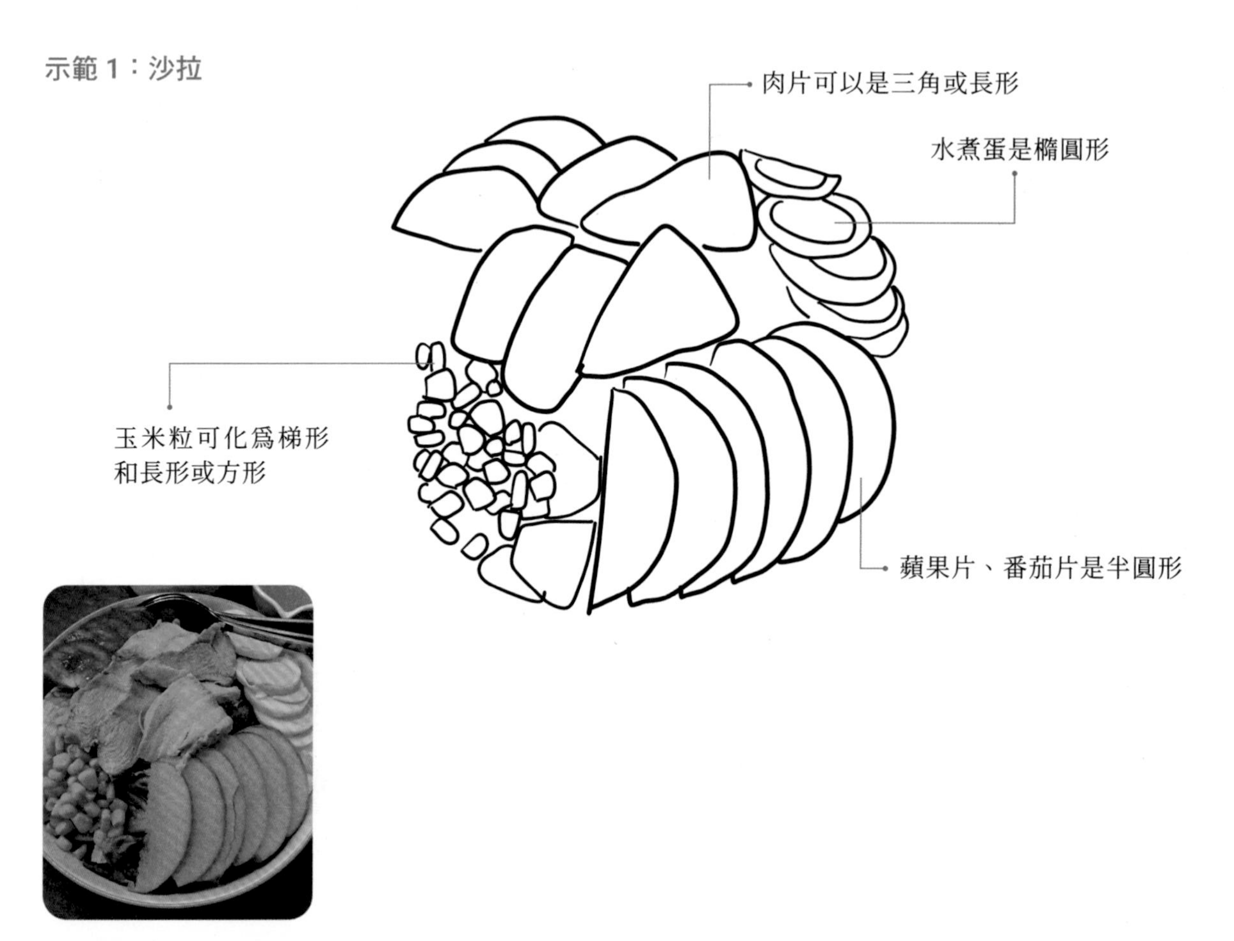

攝自｜HOLIN 咖啡館

示範 2：唐揚炸雞定食

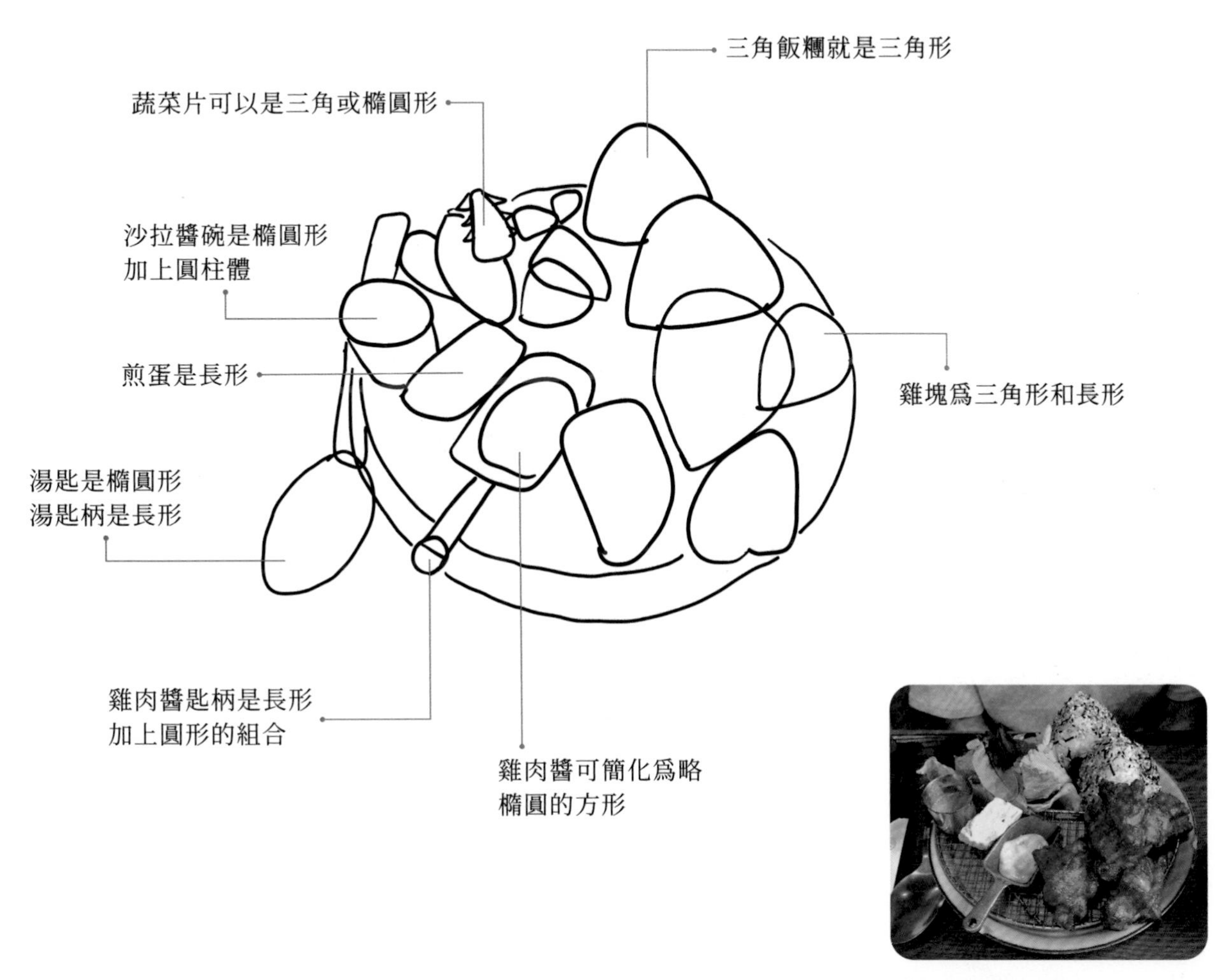

攝自｜日日村食堂

示範3：辣醬拌麵

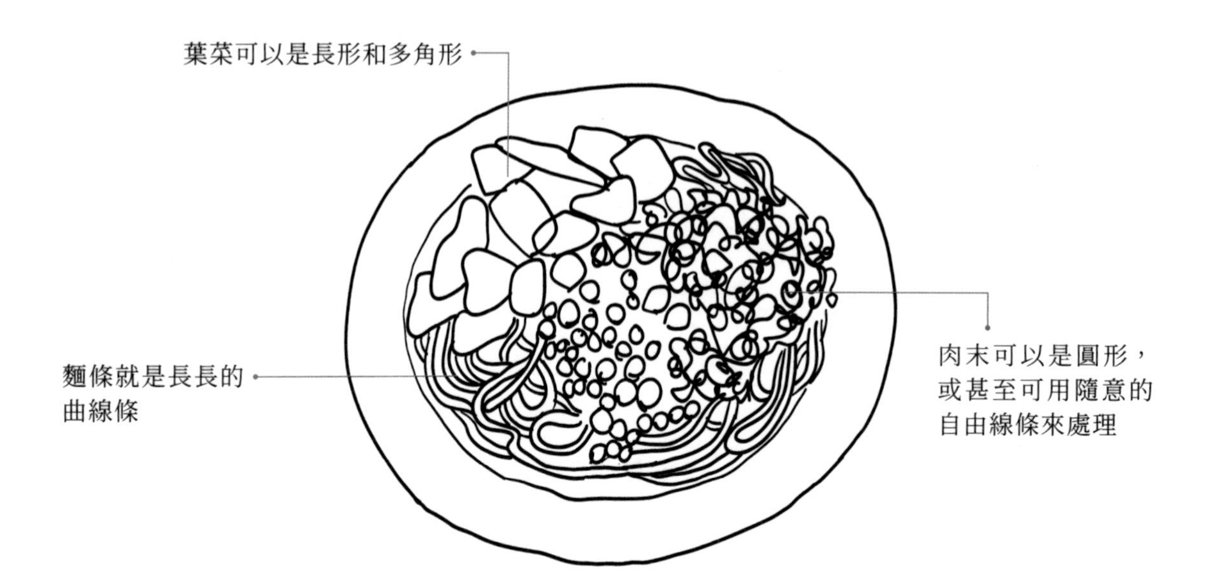

示範 4：復古桌燈

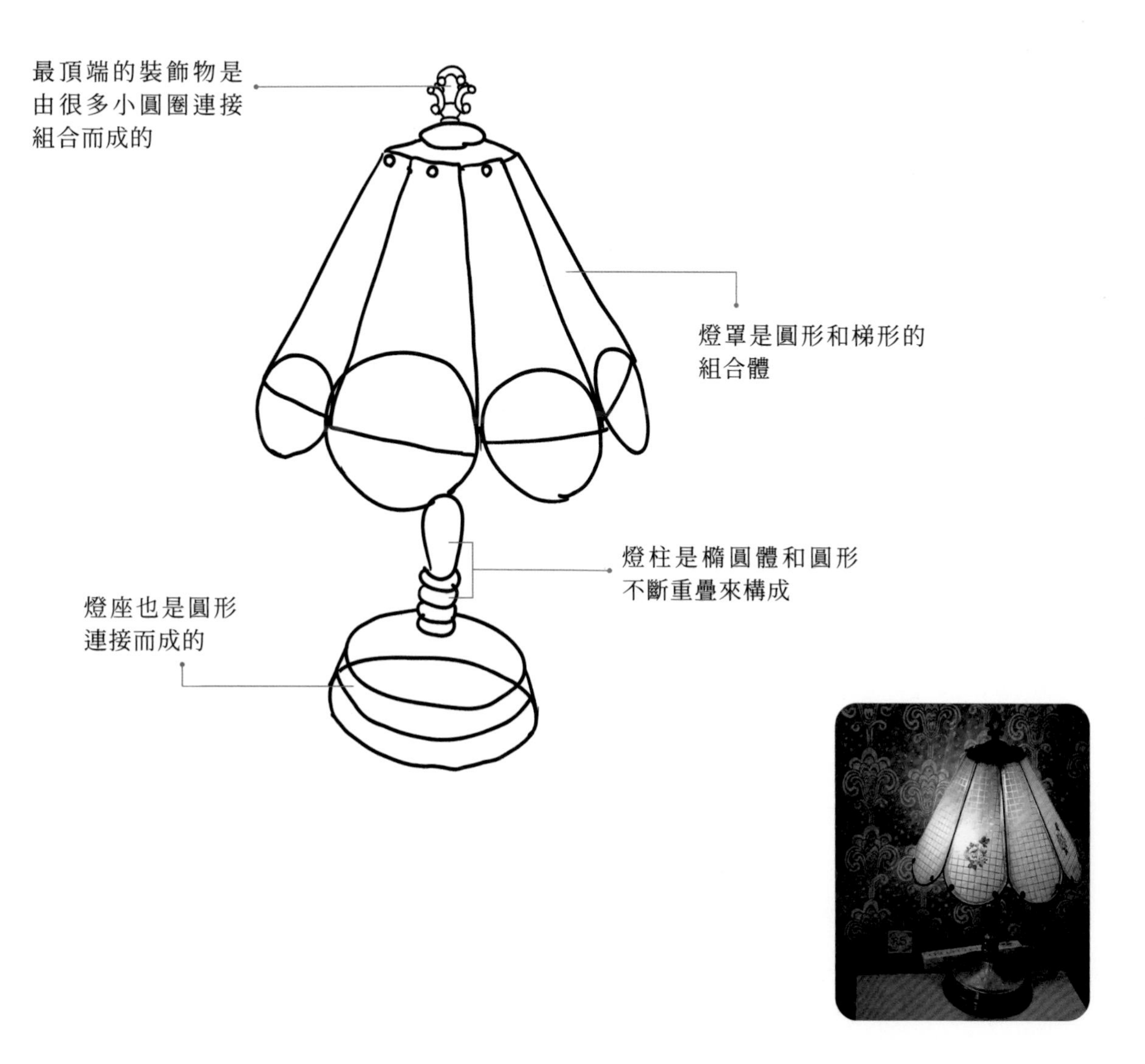
最頂端的裝飾物是
由很多小圓圈連接
組合而成的
燈罩是圓形和梯形的
組合體
燈柱是橢圓體和圓形
不斷重疊來構成
燈座也是圓形
連接而成的

示範 5：玻璃茶具組

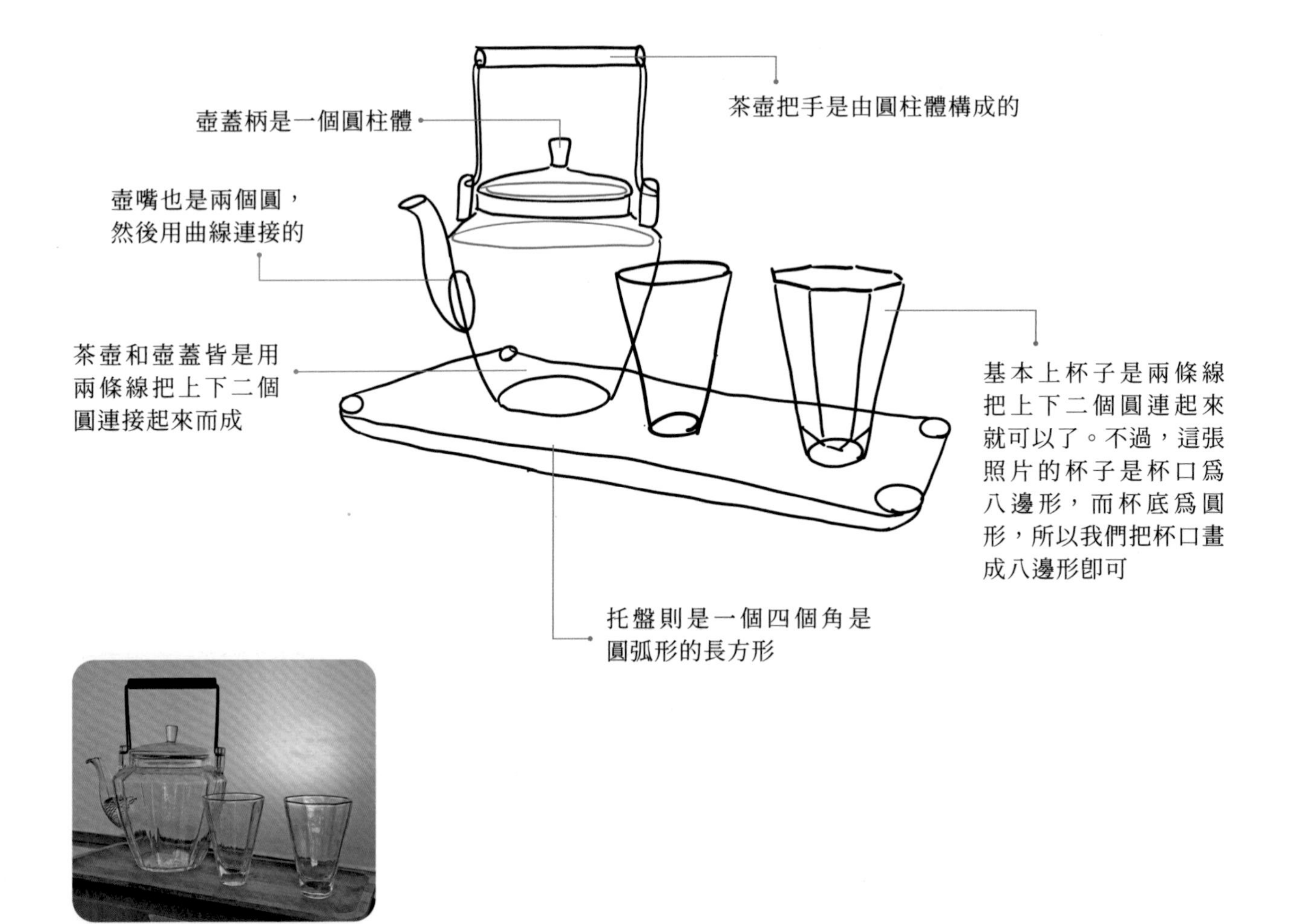

攝自｜眺港咖啡廳

示範 6：木製桌椅

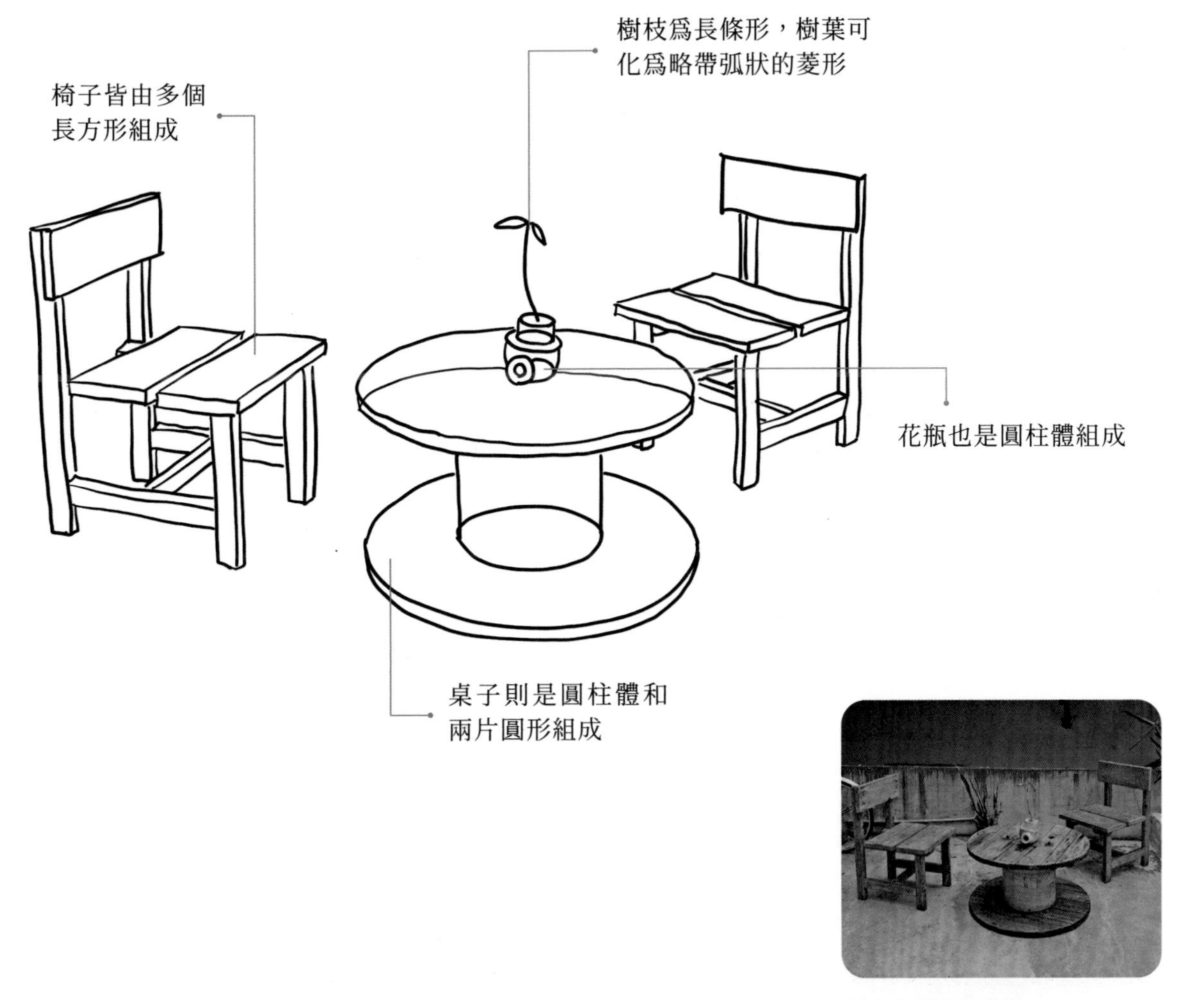

攝自｜芭蕉圖書館

示範 7：巴黎聖心堂

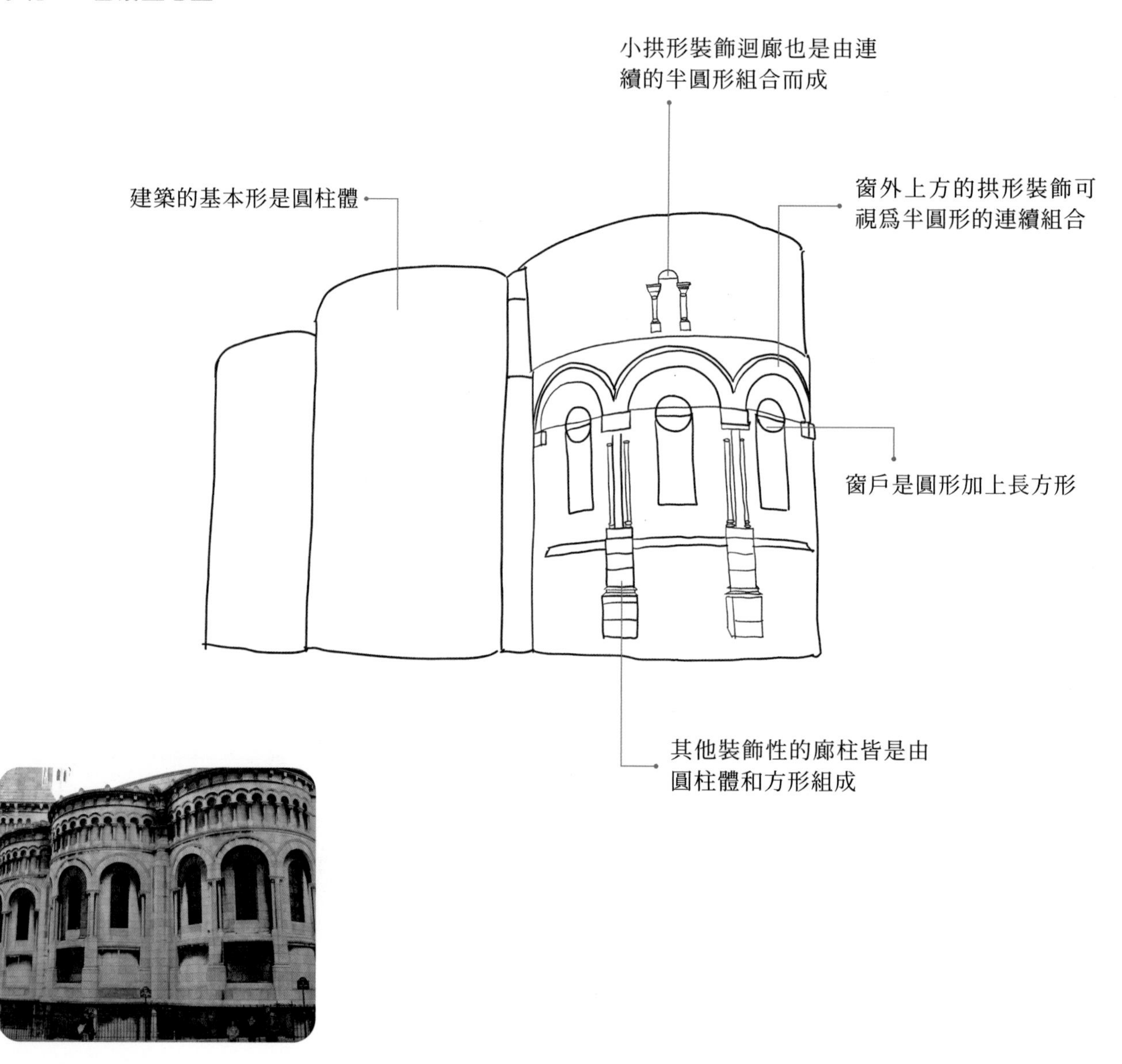
小拱形裝飾迴廊也是由連
續的半圓形組合而成
建築的基本形是圓柱體
窗外上方的拱形裝飾可
視為半圓形的連續組合
窗戶是圓形加上長方形
其他裝飾性的廊柱皆是由
圓柱體和方形組成

示範 8：廚房用品

經過前面的拆解示範，你有辦法看出這些是由哪些幾何形組成的嗎？基本上，這張裡的用具都是由圓形（正圓、橢圓、半圓）和四角形（長形、方形、梯形）組成的。

攝自｜日日村食堂

示範 9：台北市立美術館人潮

人物的幾何形拆解可簡化爲：
頭 / 圓形
身軀 / 四角形
手 / 圓或橢圓
臂 / 長橢圓
腿 / 長橢圓或四角形
腳 / 橢圓

經過這些拆解說明後，有沒有覺得要畫下身邊的人事物，沒那麼難了呢～那我們接著進入下一章吧！

CHAPTER 2

植物

開始畫畫！就從我最愛的植物開始吧！
藉由植物讓大家見識一下，線條的豐富及無限可能性。
植物的形體千姿百態，你永遠會有新發現，也永遠畫不膩，
它是我們作畫時的繆思，最佳的模特兒。

▪ 天南星

我們先從這片擁有簡單外形和線條的天南星開始！

步驟影片

Photo by Ren Ran on Unsplash

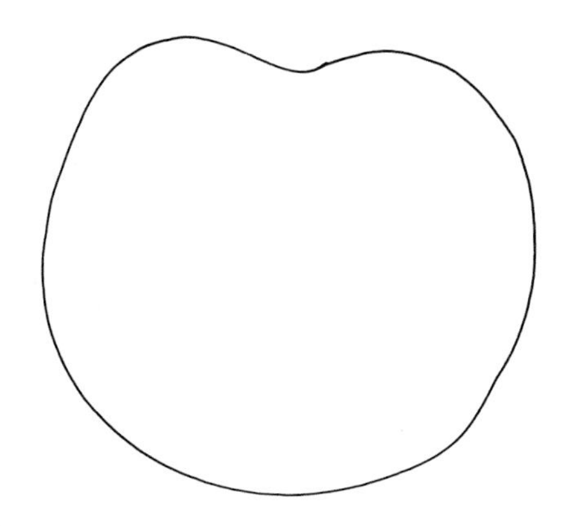

STEP. 1

使用 0.5 的筆，將外形畫成一個圓。

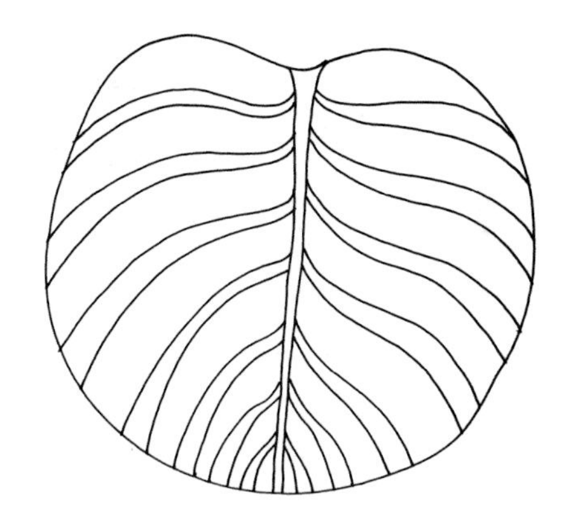

STEP. 2

觀察葉脈分佈，分別爲主葉脈（粗）及次葉脈（細）。用 0.5 筆先畫出主葉脈，決定它的寬度和分佈。

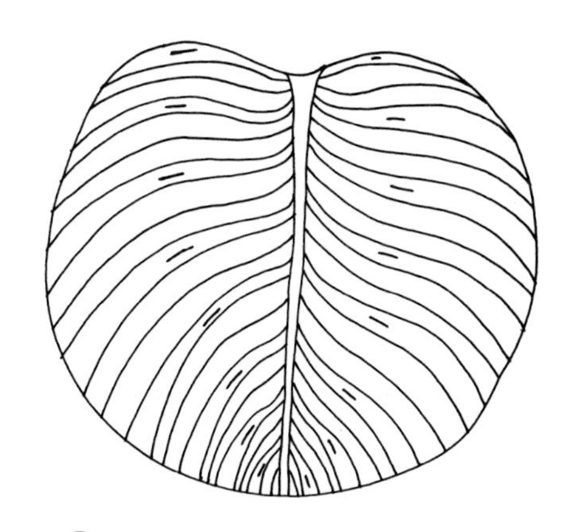

STEP. 3

使用 0.38 筆畫次葉脈。爲避免待會塗錯葉脈，在主葉脈畫上黑線條作標記。

STEP. 4

使用卡式毛筆將主葉脈大概地上墨，爲避免畫出框外，線條邊緣處換成 0.38 筆塗黑。

STEP. 5

接下來用 0.38 筆把葉子的外框線和次葉脈加粗。紅圈處是次葉脈與主葉脈及外框線的銜接處，這裡我會讓次葉脈以延伸塗黑的方式與它們銜接，讓葉脈看起來是從這裡長出去的。

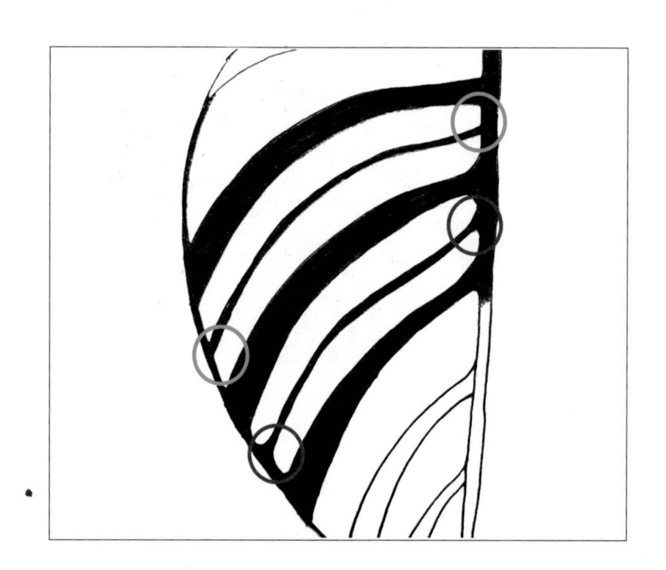

tips

比較藍圈和紅圈處，紅圈處的銜接是以延伸塗黑的方式畫的。

STEP. 6

步驟 5 完成後的葉子，再用 0.28 筆在次葉脈兩旁加上細線。完成後，審視整片葉子，發覺左半邊的主葉脈比右邊的稍窄，所以把左邊主葉脈略加粗，讓兩邊視覺上達到平衡。

這樣就完成了我們的第一片葉子囉～是不是簡單又美麗！

tips／ 作畫過程，停下來審視畫面是很需要的喔，這時可仔細觀察畫面有哪裡需要調整。

▪ 琴葉榕

步驟影片

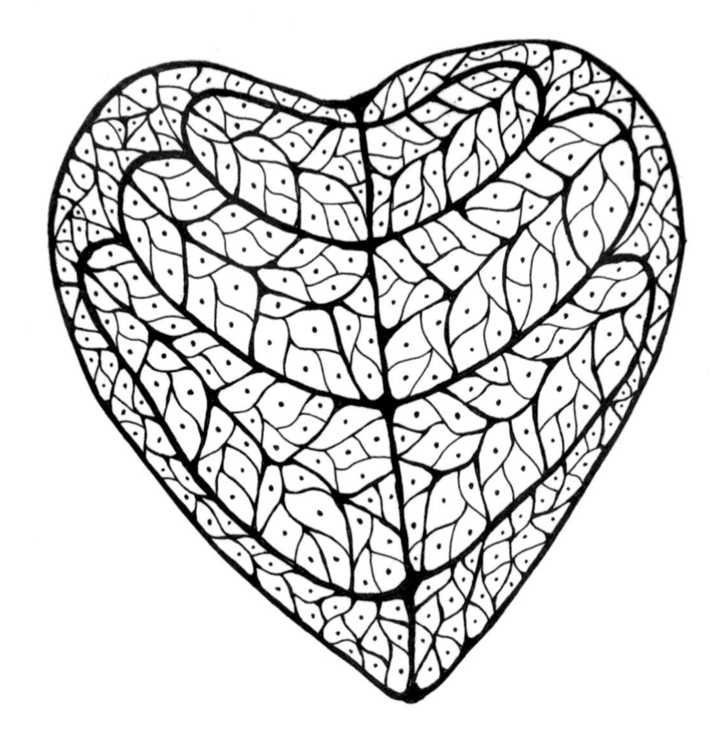

STEP.1

葉片的外形可視爲一個愛心（0.5 筆）。

有沒有發現主葉脈是一個帶弧形的長條狀。

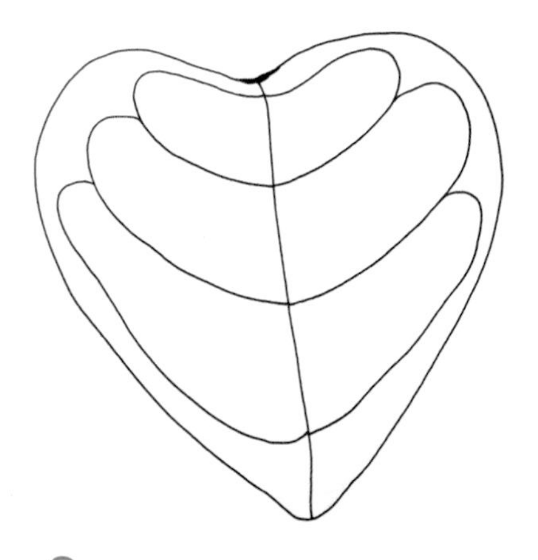

STEP.2

把主葉脈簡化成六塊（0.38 筆）。

再來看一下主葉脈裡的線條，可以把它們看成是好幾個區塊。

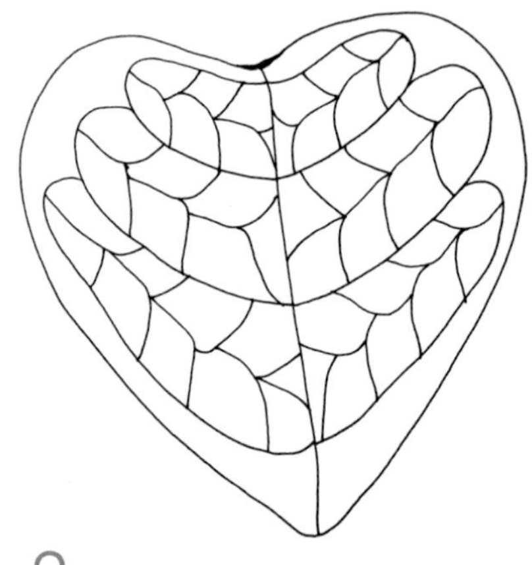

STEP. 3

把這些區塊（A 區）畫大一點，因爲之後還有細葉脈要處理。這裡使用 0.28 的筆，可跟主葉脈形成粗細不同的層次。

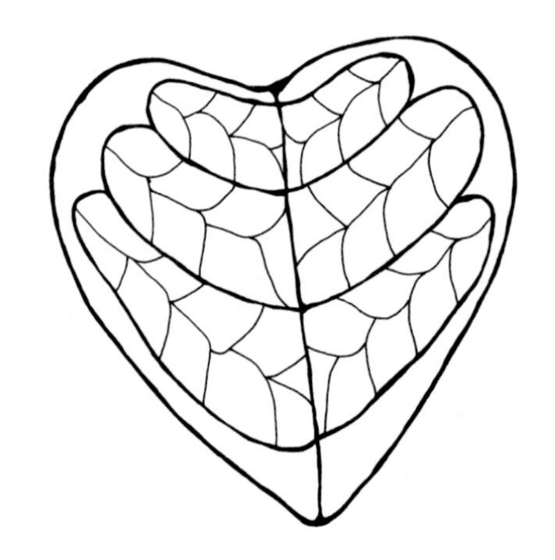

STEP. 4

將葉子的外框線和主葉脈的外框線適當加粗，作出層次。（0.38 或 0.28 筆都可以）

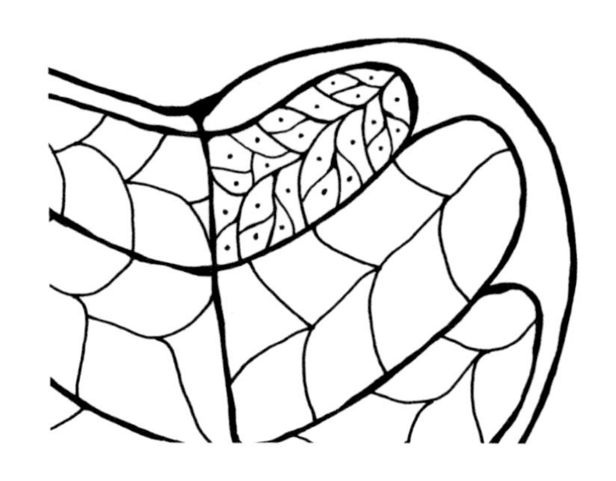

STEP. 5

開始處理細葉脈。使用 0.28 的筆，把 A 區再區分成小區塊（B 區），然後在每個區塊裡加上一個點，這就是單一主葉脈的完整組圖。B 區的數量和分佈因人而定，可以隨自己喜好和直覺來下筆。

★提醒

接下來的步驟皆以 0.38 和 0.28 筆互換，依區域大小及個人用筆掌握度，若對線條穩定度還不熟捻，建議用 0.28 來畫，可以慢慢疊加，避免一次下筆太重。

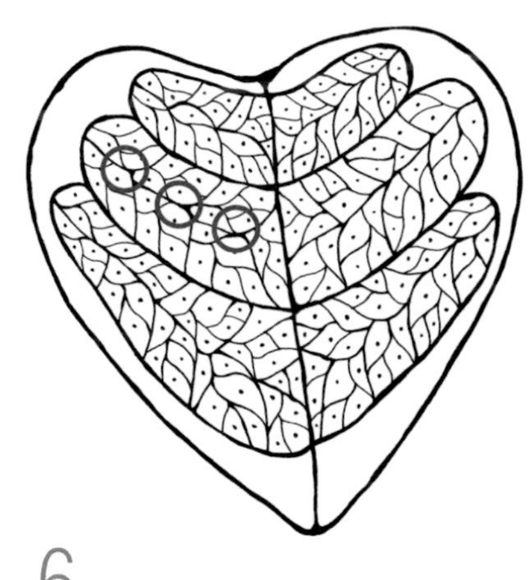

STEP. 6

處理完 B 區，A 區的外框線也加粗，再做出一個層次，紅圈裡的線條匯集處也加粗。

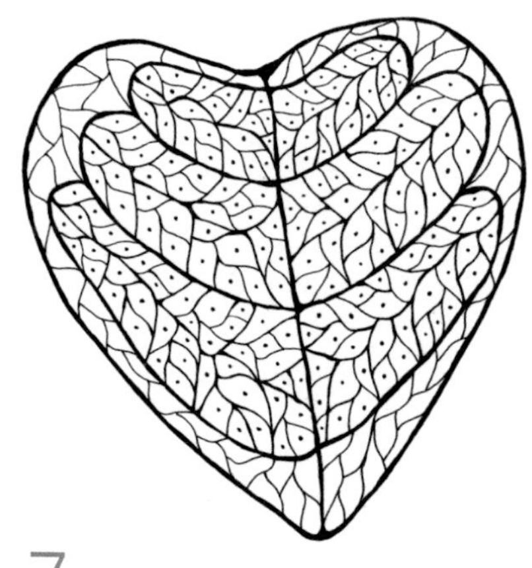

STEP. 7

接著把主葉脈外圍的空白處同樣劃分成不同大小的區塊（C 區）。

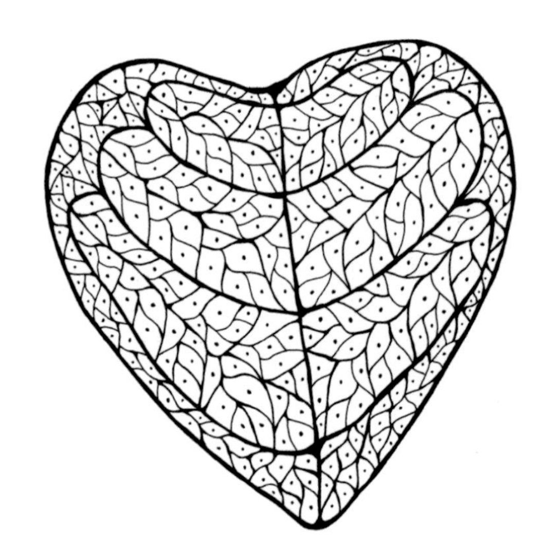

STEP. 8

把 C 區再劃分得更小塊，讓 A、B 區和 C 區的層次顯現出來。接著，在 C 區每個區塊裡加上小點。

STEP. 9

C 區最後修飾階段。

- 此區跟主葉脈相連的線條適當加粗（紅圈處），讓 C 區感覺像是從主葉脈生長出來的，不要讓他們彼此互不相關。
- 其他線條跟線條間的匯集處，以及線條跟葉子外框線的交集處也適當加粗。（藍圈處）。
- 視整體畫面選擇加粗，不需要全部每個地方都加粗。

STEP. 10

最後再審視一次畫面，我把主葉脈框線和 B 區框線再加粗一些，
讓層次更明顯。這樣就完成這片琴葉榕了～

▪ 彩葉草

彩葉草很特別，它是由大小不同的葉片一層層組成的。

步驟影片

STEP.1

使用 0.5 筆把葉片簡化成胖胖的菱形，總共四層八個葉片。

STEP.2

觀察主葉脈的走向，用0.38筆把它們畫出來。

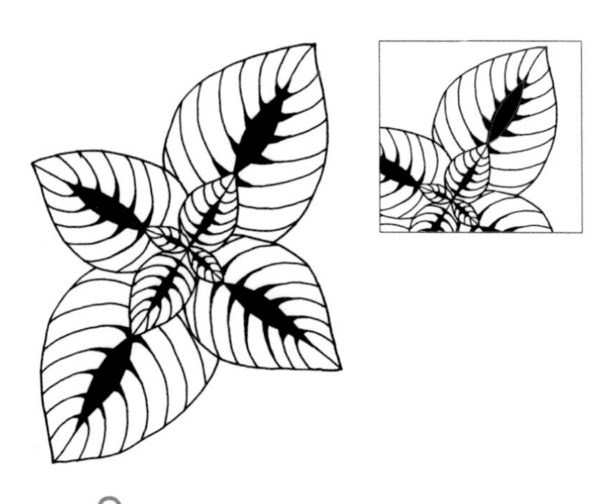

STEP.3

每個葉片上都有一個紅色菱形，把它畫上後直接塗黑。之後，在菱形外圍加上小三角形延伸出去，讓菱形感覺是和葉片長在一起。

STEP.4

接下來把外框線和主葉脈加粗。

tips／ 記得在每個葉脈跟外框線交接處，稍微延伸加粗。（參照天南星 STEP5）

STEP. 5

用 0.28 筆加上次葉脈。最小的二片葉子，因爲面積很小，大致上加幾條次葉脈即可。

STEP. 6

用每隔一條就加粗的規律，爲次葉脈製造層次。

STEP.7

審視畫面。由於目前葉子之間的層次看不清楚，所以把每層葉片的交接處上墨色。

STEP.8

目前視覺上有點硬，這時是點點派上用場的時候。我前面提過「點」可給人輕盈的質感，所以在每片葉子尖端處往下遞減加上圓點。加完後，感覺是不是不一樣了～

STEP. 9

我覺得步驟八的點太小，於是把它們適當地加大一點。不用每個都加大，葉片尖端處和葉片邊緣的點加大即可，這樣視覺上會產生一種漸層感。

好了～這樣我們又完成一片葉子了！

■ 龜背芋

葉脈不用一定都要這麼複雜，簡單的線
條也可以表現喔～

步驟影片

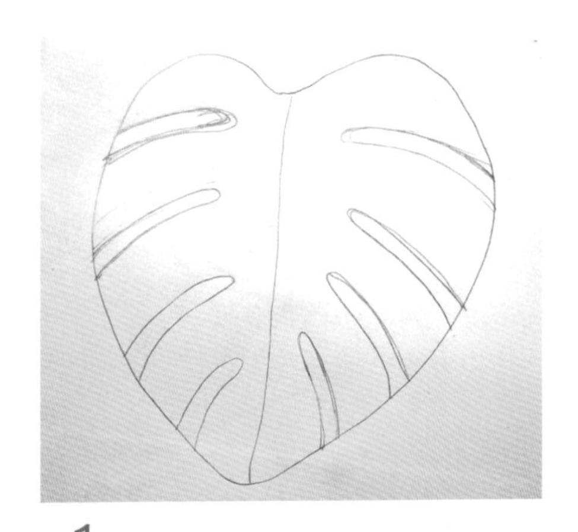

STEP. 1

龜背芋的外形可視爲一個愛心，葉片邊緣是被粗圓頭曲線切割出來的。(打稿順序：先畫出愛心，再加上粗的圓頭曲線。)

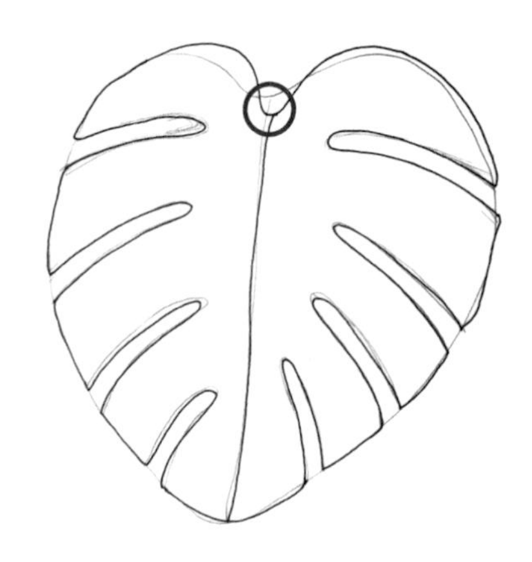

STEP. 2

用 0.5 筆畫外框線。愛心頂部凹陷的地方（紅圈處）往下畫一點，讓它和葉子原本的形狀更貼合。

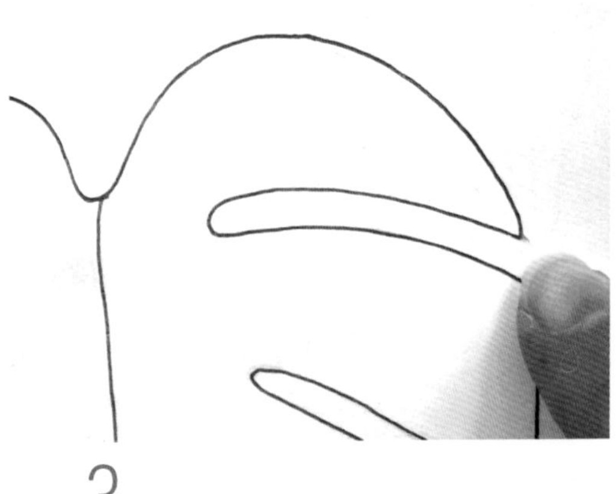

STEP. 3

待墨水略乾後，擦去鉛筆稿。馬上就擦鉛筆線稿，容易把墨水擦出來。擦拭時盡量維持同方向且動作輕一點，不要把紙擦皺了。

STEP. 4

用 0.38 筆畫上主葉脈。

STEP. 5

主葉脈加粗，確定好要上墨色的範圍。

STEP. 6

使用卡式毛筆上墨色，同樣地，先大面積上色，線條邊緣處換成 0.38 筆，填滿墨色。

STEP. 7

使用 0.38 筆把葉子外框線加粗。

STEP. 8

在每個轉折處（紅圈處）稍微加寬塗黑，製造出立體感。

STEP. 9

審視畫面，把主葉脈再加粗一點。

★提醒

這片葉子是以比較單純的方式來畫，所以線條粗一點，才不會顯得太單薄。可比較一下加粗後的葉片跟上一個步驟未加粗的葉片，兩者給你的感受如何。

STEP. 10

在主葉脈兩旁用 0.28 筆加上兩條細線，讓主葉脈不要太單調。

STEP. 11

在細線旁加上圓點。

STEP. 12

再一次審視畫面，做最後調整。

· 主葉脈兩旁的細線再加粗。

· 葉片頂端太空白的地方，補上葉脈。

· 其他空白處，適當加上小圓點。

這樣，就完成這片簡單耐看的葉子囉～

▪ 孔雀竹芋

我們來畫很有趣的孔雀竹芋，它的葉脈是無數個葉子形狀！

步驟影片

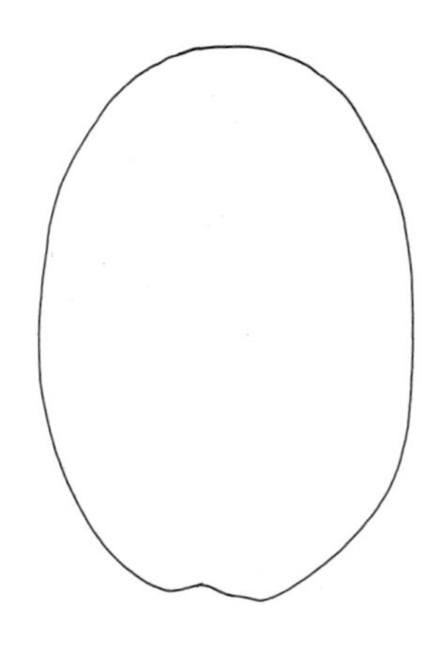

STEP. 1

把葉子外形畫成一個橢圓。（0.5 筆）

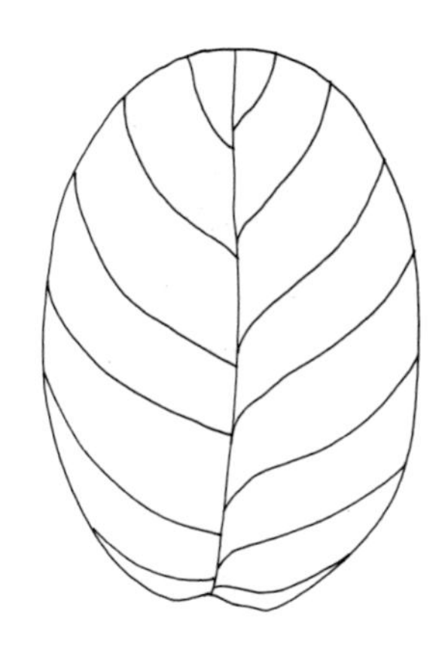

STEP. 2

畫上主葉脈的線條分佈。（0.38 筆）

STEP. 3

加上依附在主葉脈上的葉子形狀。

STEP. 4

把這些葉子形狀塡滿墨色。

STEP. 5

把主葉脈的線條跟外框線作連結。

STEP. 6

同樣地，把這些地方填上墨色。

STEP. 7

用 0.28 筆畫上次葉脈。

STEP. 8

仔細觀察照片裡的次葉脈，它們是逐漸加粗延伸到葉子邊緣的。

STEP.9

加上最後的細葉脈。

STEP.10

把細葉脈稍微加粗。不用每根都加，可選擇細葉脈周圍空間較多的來加。加粗的同時，記得延伸線條連接到葉子的外框線。（參照天南星 STEP5）

STEP.11

最後審視畫面，我發現葉子呈現一種平衡感，但過於平衡讓畫面有點僵硬。所以決定在畫面上點綴大小不一的點，來打破僵硬感，讓這片葉子看起來可以更生動。

★提醒

比較一下 STEP10 和 STEP11 的葉子，看看感覺如何。每個人審美觀不同，也許有人認為 STEP10 之後就可收筆了。這沒有唯一答案，也沒有絕對對錯，主要是希望在過程中，大家可以多思考多觀察，從而養成自己的審美觀。

▪ 虎尾蘭

虎尾蘭是很常見的植物，也是很容易上手的手繪植物喔～

步驟影片

Photo by Parker Sturdivant on Unsplash

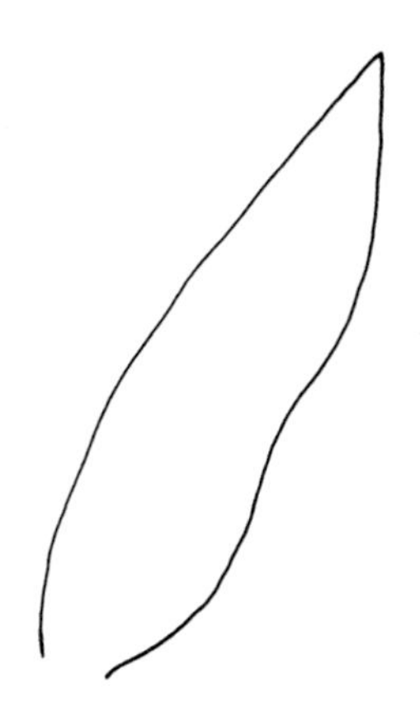

STEP. 1

遇到葉片比較多的時候，我會先畫形狀最完整，最沒有被遮擋住的葉子。以這盆虎尾蘭來看，就是右邊最前面編號 1 的葉子。

STEP. 2

接著畫距離 1 號葉子最近的葉子 2 號、3 號。選擇先畫 2 號是因爲它形狀完整，且先把編號 1、2 的葉子定位，在畫兩片葉子間的葉子時，會比較好抓位置。

STEP. 3

編號 3 和 4 的葉片感覺先畫哪個都可以，但因爲 4 號葉片稍微被 3 號葉片遮到，所以我選擇先畫 3 號。

STEP. 4

完成編號 4 的葉子。

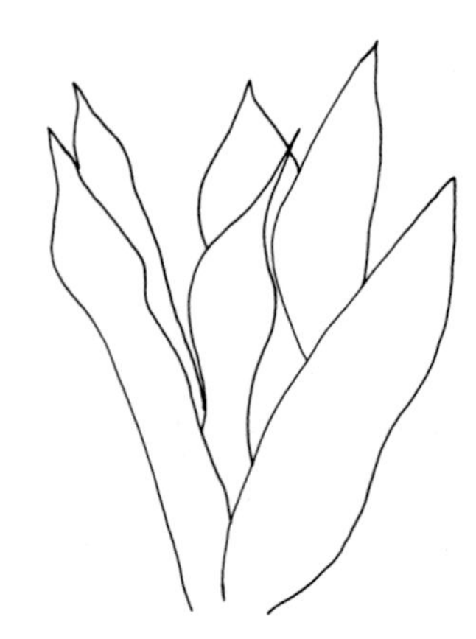

STEP. 5

編號 5 和 6 的葉片，位於較後方位置，會等其他葉片定位後再繪製。

STEP. 6

最後是編號 7 和 8 的葉片。

tips/ 我沒有畫出全部的葉子，而是選擇形狀較完整，彼此有依附關係的。其他遮到太多的則省略，以免畫面太零碎。

STEP.7

把葉片邊緣青黃色的部分先畫出來。

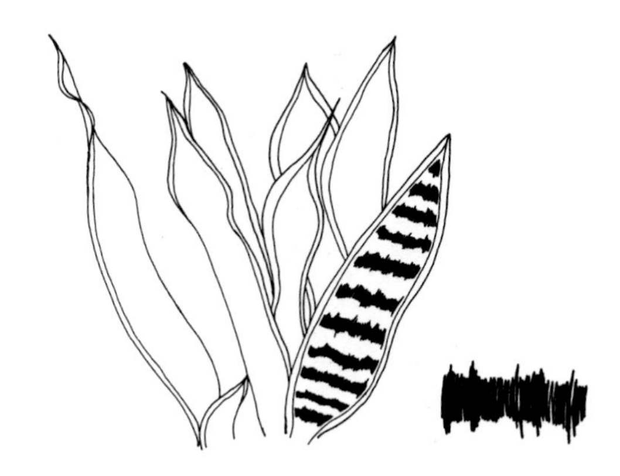

STEP.8

虎尾蘭的葉脈紋路是不規則的圖案，有點像電波，也像鋸齒狀，我使用幾乎黏在一起的短線來製造這個紋路。

STEP.9

葉脈紋路的間隔可以參照照片，也可以靠直覺下筆。建議最好是先觀察要下筆的那片葉子，看清楚它的紋路曲折和走向，這會關乎到葉片的面向和立體感，觀察完再下筆。若忘記了或不確定，停下筆，再看一次葉片，再重新下筆。

★提醒

不建議邊畫邊看，這樣專注力會在照片上，而不是在畫上，你的心思會追求像不像，而忘了跟畫作連結。別忘了，我們是在畫感受力，而不是如照相機般的真實記錄。

STEP. 10

接下來，運用之前學到的線條疏密法，來為葉子創造陰暗面，製造立體感。

STEP. 11

在葉片底部位置，以及靠近相鄰葉片的地方，線條畫得密一些。

STEP. 12

審視畫面，我把陰暗面再加重，讓立體感更明顯。

STEP. 13

在葉片邊緣的白色帶加了一些短虛線，讓它也有一點深淺變化。

STEP. 14

最後在底部畫上雜亂的自由線條表現泥土，就大功告成了。

▪ 五葉地錦

步驟影片

Photo by Rodion Kutsaiev on Unsplash

STEP. 1

先將圖片中的葉片大致分成四組 A、B、C、D，接著按照 P.73 提及的邏輯，依編號順序畫出葉子。

- 1、2、3 號葉片形狀最完整，且位於最上方，先把它們畫出來，做爲後續葉片的定位依據。
- 5 號葉片先於 6 號，在於 5 號跟 4 號相疊，較輕易掌握位置和形狀。8 號及 11 號同理。
- 16 號葉片不確定要不要保留，待全部葉片畫完後，視畫面平衡需要，決定把它加進來。

STEP. 2

畫出主葉脈。

STEP. 3

把葉子外框線和主葉脈適當加粗。

STEP. 4

在主葉脈兩旁加上細線。

STEP. 5

我決定把背景塗黑處理。邊緣尚未決定如何收尾，最後視整體畫面再決定。

1 號葉片最暗，2 號葉片們次暗

STEP. 6

接下來處理陰暗面。通常我會先處理最暗的地方。先有一個最暗的濃度基準，再慢慢依序減淡濃度。最暗的地方，不要一次就畫很深，先將該區大概打暗，然後處理次暗的地方，接著審視畫面，再依需要逐步加重。

tips 還記得前面提到的線條交疊交錯法嗎？這裡就派上用場囉～（線條角度順序沒有一定，端看個人習慣。）

 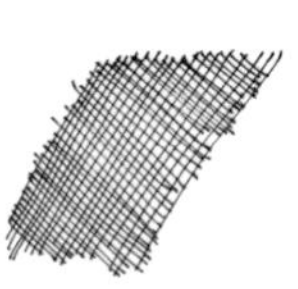 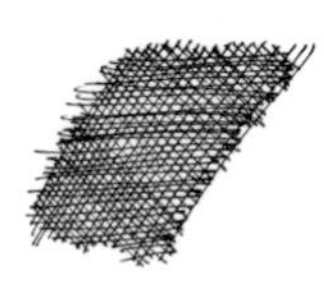 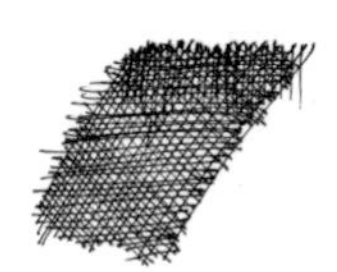 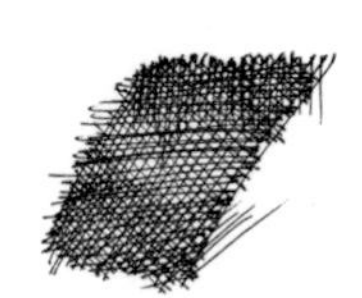

STEP.7

暗面的葉子們，每片各自有最暗的地方，運用交疊線條方式表現出來。

STEP.8

3號圓圈處是畫面裡最亮的地方，這些地方請略過交疊線條。

STEP. 9

紅圈處是葉片重疊的地方，要再加重，讓葉片層次更明顯。

STEP. 10

最後決定把背景處理成一個黑色色塊。

STEP. 11

色塊邊緣補上交叉的線條，讓外緣線條不要太拘謹。這樣，就完成囉～

▪ 大果柏木

最後，我們來看看這株植物的葉片該怎麼表現。

步驟影片

Photo by Jingtao on Unsplash

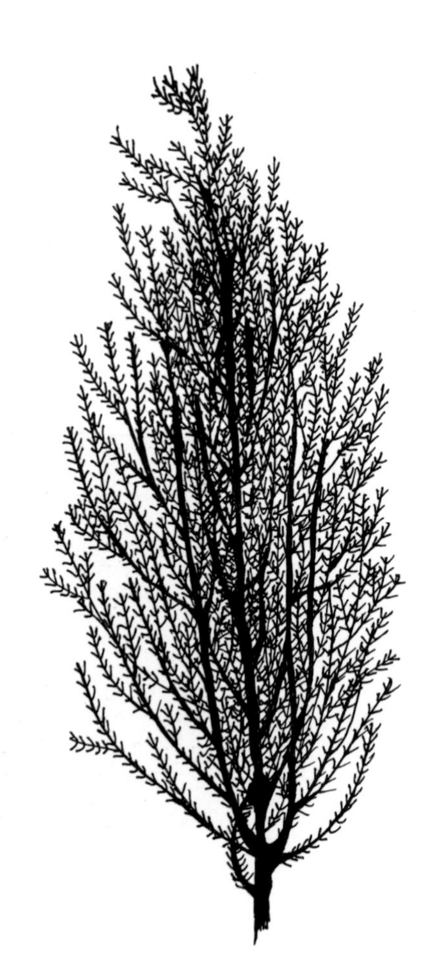

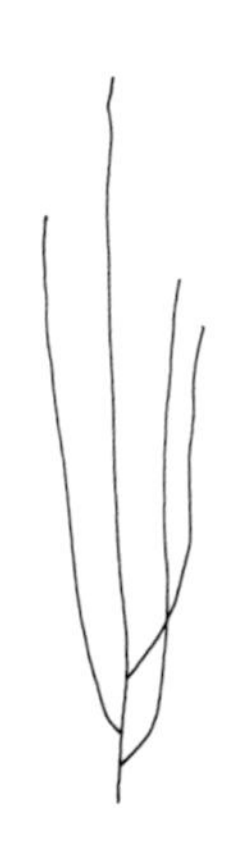

STEP.1

先把最粗的幾個主要樹枝畫出來。

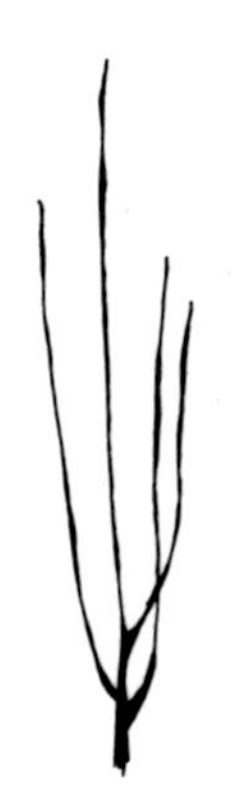

STEP.2

稍微加粗，以便待會找得到它們。

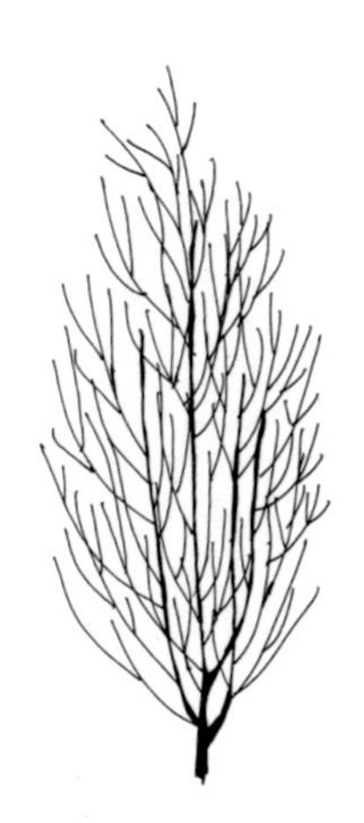

STEP.3

仔細觀察小枝條的分佈和走向，把它們大致上畫出來。

STEP.4

每個小枝條上，加上類似箭頭形狀的線條代表葉片。

STEP. 5

全部的小枝條都加上葉片。

STEP. 6

加上更多小枝條，讓整株看起來更飽滿。

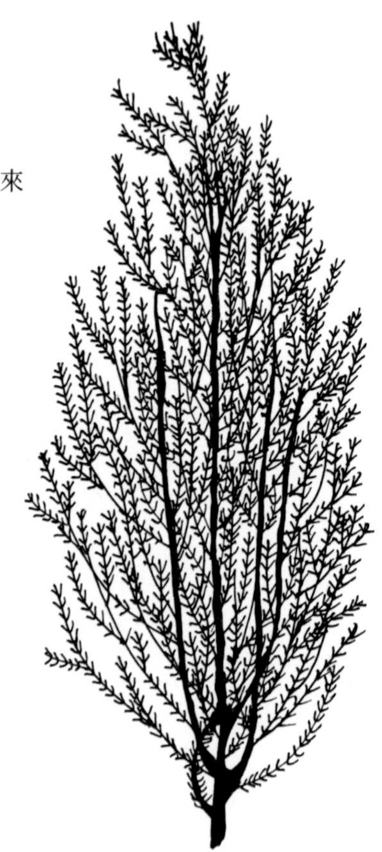

STEP. 7

把 STEP1 的主要枝幹再加粗。

STEP. 8

加粗一些從主要枝幹分枝出去的小枝條。

STEP. 9

在植物中心沿著主要枝幹，再加上一些小枝條和葉片，讓此區再密一些。

STEP. 10

最後，在中心枝幹附近再加些小葉片提高密度，就完成囉～

chapter 2 總結

- 先簡化外形為幾何形。
- 觀察葉脈分佈走向，抓出主線條和次線條的樣貌，簡化它們的形狀。
- 加入自己的創意做些變化。
- 繪製一株植物時，畫面可去蕪存菁，不用每個葉片都照實畫出。
- 記得隨時審視整體畫面。

CHAPTER 3

動物

每種動物都擁有獨一無二且豐富的毛髮質感與圖案，

在本篇章裡，我們將運用各式各樣的線條畫法，讓他們活躍在紙上。

▪ 斑姬鶲

這隻可愛的小鳥有著細細的羽毛，我想採用介於寫實又寫意的方式來畫。

步驟影片

Photo by Paulo Brandao on Unsplash

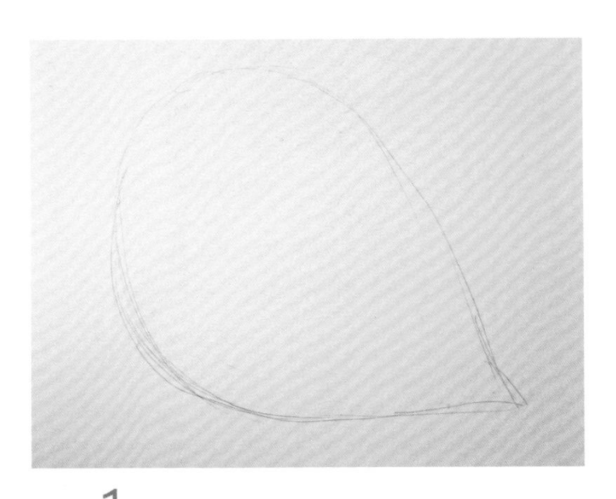

STEP.1

將小鳥的外形先畫成一個類似倒下來的水滴狀。

STEP.2

接著把頭部的輪廓線和深淺羽毛的交界線畫出來。再來是嘴巴、眼睛和腳。

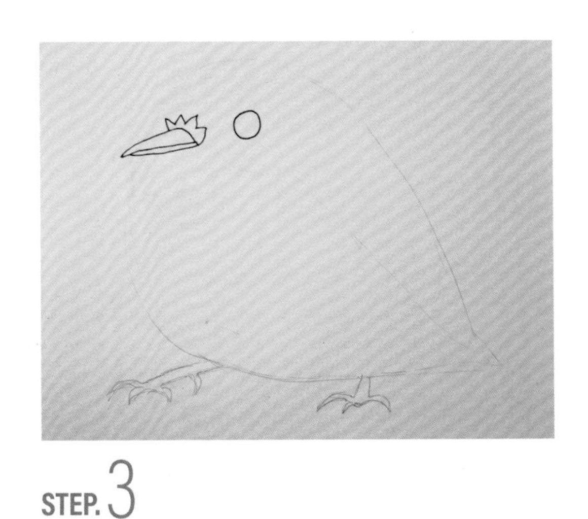

STEP.3

完成眼睛和嘴巴的框線。外輪廓的鉛筆線擦到只留下淡淡的筆觸，做爲待會上羽毛時的範圍依據。

STEP.4

這隻鳥的毛，是由細細短短的毛層層交疊而成，我們可以用短線條來表現。

STEP. 5

短線條的毛畫好後，用鉛筆淡淡畫出下半部羽毛的輪廓線，我把這部分的羽毛簡化成兩大區塊各三片。

STEP. 6

這一區羽毛用長一點的線條來畫。

STEP. 7

在每片羽毛交界處加深加粗線條，把羽毛厚度和前後感做出來。

STEP. 8

接著處理後背的三層羽毛。記得每片羽毛的底端有一條白色帶，線條畫到那裡就停止。

STEP. 9

同樣，在每片羽毛交界處，把線條加粗增加深度，做出前後感。

STEP. 10

前面身軀淺色毛部分，我選擇只上陰暗面，讓身軀前方跟後方對比明顯。（端看個人選擇，也可以全部上滿短線條。）

STEP. 11

短線條由底部慢慢從密到疏往上畫。

STEP. 12

使用線條交錯方式，把底部及深淺羽毛交界處的線條加重，製造出立體感。

STEP. 13

嘴巴和腳的部分上好墨色。

STEP. 14

補上最重要的眼睛。

★提醒

眼睛瞳孔要看向哪邊，會影響整隻動物甚至整張畫的感覺，我通常留到最後處理，而且會先用鉛筆試畫幾種不同方向，再決定哪種最適合。

STEP. 15

最後，把眼睛周圍和頭頂部分的毛髮，適當地用線條交錯方法再稍微加深一點，讓上半部的毛髮有些層次。這樣，這隻可愛的小鳥就完成囉～

▪ 維爾沙摩雞

這隻美麗的公雞，有多樣的羽毛，我選擇用圖案化的方式來呈現牠。

步驟影片

Photo by Egor Myznik on Unsplash

STEP. 1

先畫一個外框，確定雞的大小範圍。再用幾何形在框內訂出每個部位的大小位置。（因鉛筆線較淡，改以粉紅色表現）

STEP. 2

確定好位置後，畫上各部位的細部輪廓線。

STEP. 3

這隻公雞共有五種不同羽毛樣式。先畫 1 區的羽毛。

・把公雞上半部及尾巴的外框線先完成。

・畫好外框線後，擦掉鉛筆線，保留下半部鉛筆輪廓線，做爲之後繪製羽毛的範圍依據。

STEP.4

1 區的羽毛用長條形來表現。

STEP.5

慢慢一層一層鋪到背上。

STEP.6

背上的羽毛改成參差交錯的方式，讓它垂披下來。

STEP.7

2 區羽毛照片上是交錯的線條，爲了避免畫面太複雜，決定省略。讓 1 區的羽毛面積往下延伸，接著畫 3 區和 4 區的羽毛。

STEP. 8

完成全部的羽毛後，畫出腳的外框線。

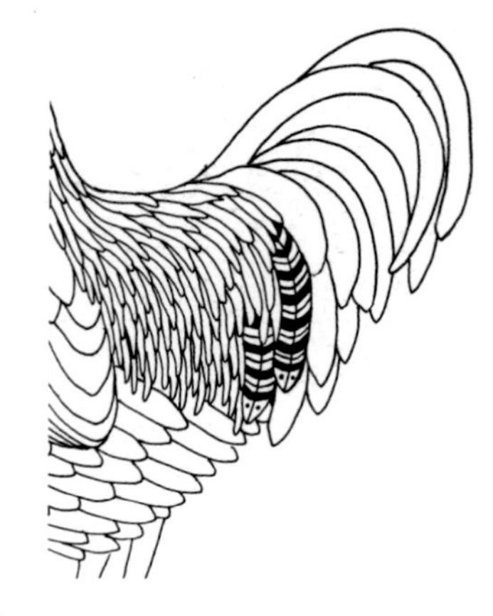

STEP. 9

接著先處理尾巴的羽毛。（羽毛的圖案設計，大家可以自由發揮。）

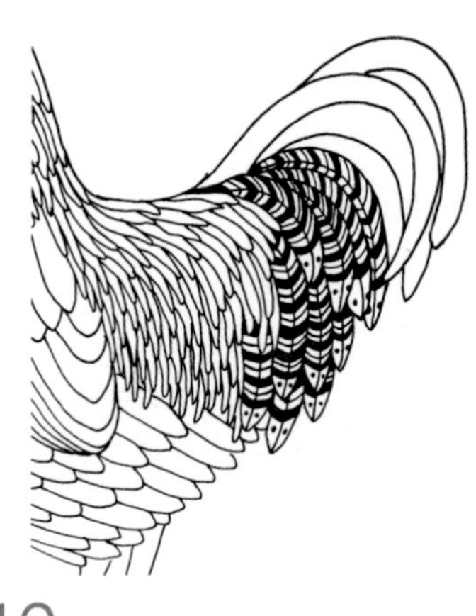

STEP. 10

把它們都完成。最後三支我想用不同圖案處理，但還沒決定好，先擱著。

STEP. 11

接著處理我已經有想法的 3 區羽毛。

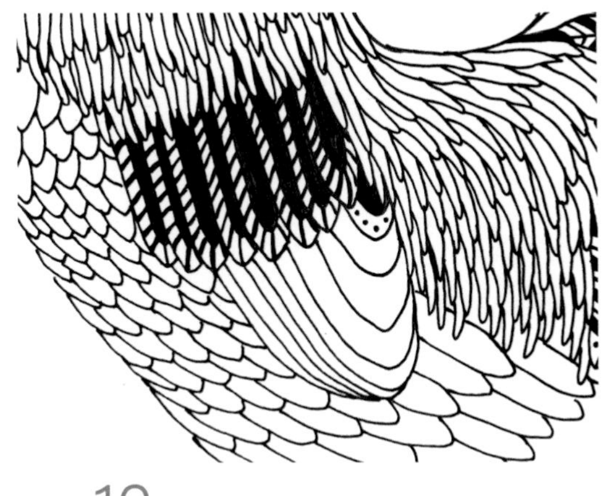

STEP. 12

3 區下半部羽毛圖案改用點狀，和上面的線條圖案做區隔，以免這區線條太繁複。

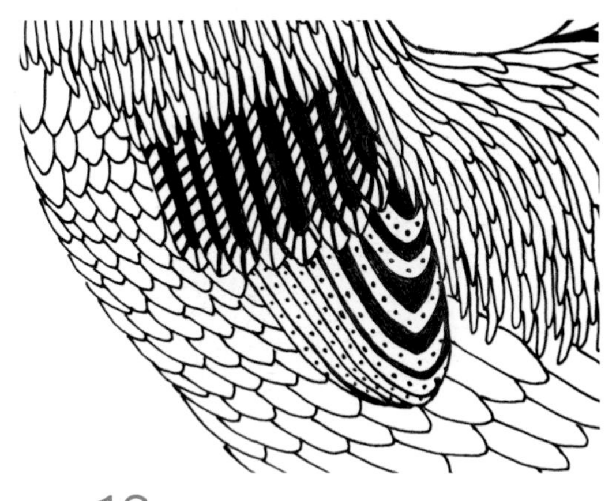

STEP. 13

3 區羽毛完成後的樣貌。

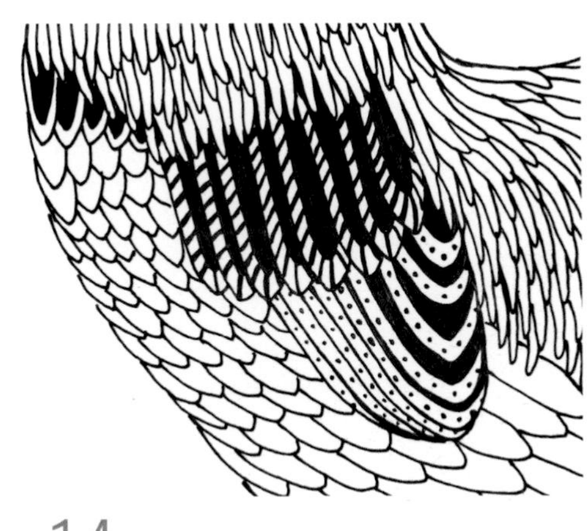

STEP. 14

4 區羽毛較多，且很多面積皆較小，所以我選擇用簡單的圖案來處理。

STEP. 15

4 區羽毛完成。

STEP.16

接著細部調整 1 區的羽毛，把跟頭部交接處的線條加粗延伸。

tips 概念跟畫葉子一樣，讓這些羽毛視覺上是從頭部延伸出來的。

STEP.17

接著把這區的羽毛每一層交接處加深，做出羽毛層層交疊的感覺。

STEP.18

背上垂披的羽毛採用相同方式處理。同時，可用 0.28 筆在部分羽毛中加上細線，讓這區整體有深淺變化。

STEP.19

紅圈處交接的地方再加重，讓層次更明顯。

STEP.20

開始處理頭。我把雞冠調整成類似火焰的形狀。

STEP.21

接著來處理尾端擱置的三根羽毛，我選擇用曲線來表現。

STEP.22

三支羽毛完成。

STEP.23

腳用塊狀的圖案來畫，腳爪單純塗黑。這樣，就完成這隻繽紛美麗的公雞了。雖然過程有點長，但看到成品，是不是很有成就感！

▪ 獅頭金魚

這隻金魚也將用圖案化的方式來表現。

步驟影片

Photo by Zhengtao Tang on Unsplash

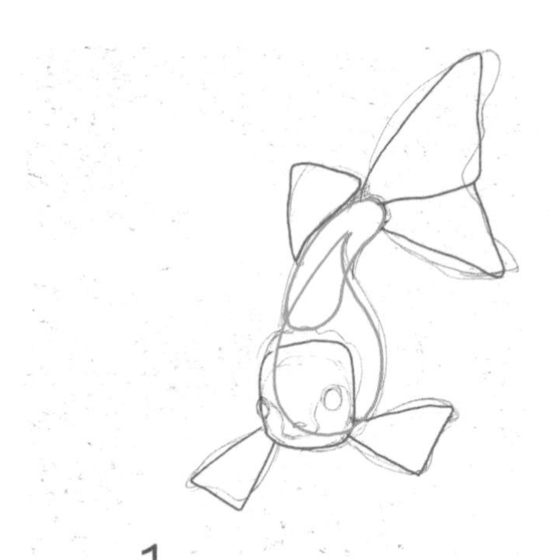

STEP. 1

這隻魚的身體可以先用幾何形來區分，然後再細修。

STEP. 2

描上外框線。

STEP. 3

用 0.38 筆先畫前面的魚鰭。

STEP. 4

用 0.28 筆上細線，魚鰭尾端與靠近頭部的線條加粗加深。

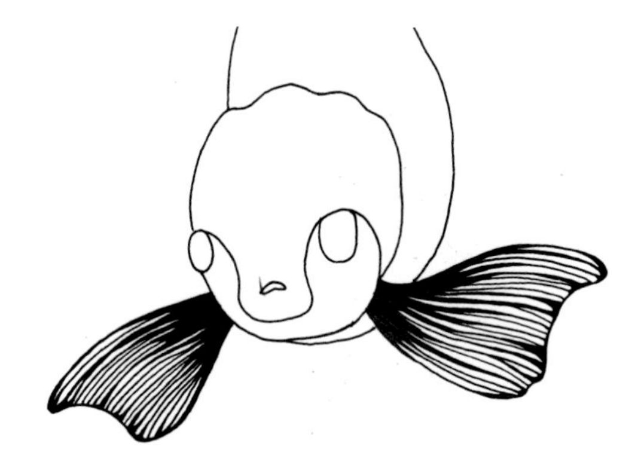

STEP. 5

另外一片魚鰭以同樣方式處理。

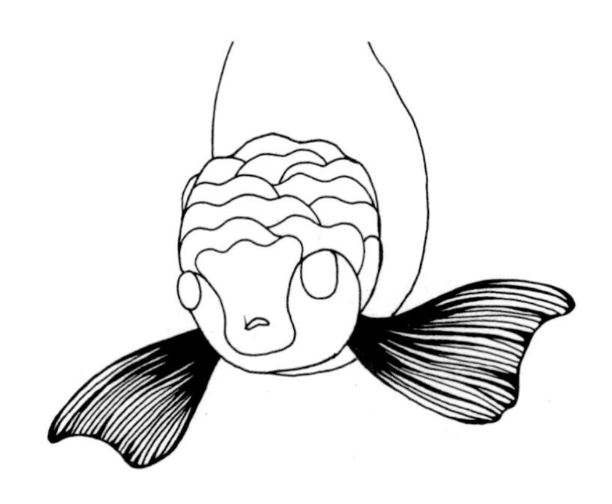

STEP. 6

頭部的魚鱗簡化成一排排的波浪形。

STEP. 7

把身體的魚鱗畫上。

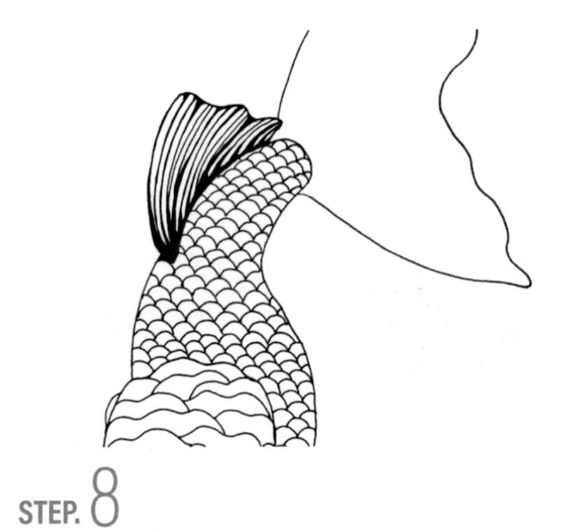

STEP. 8

背部的魚鰭和頭部的魚鰭畫法一樣。

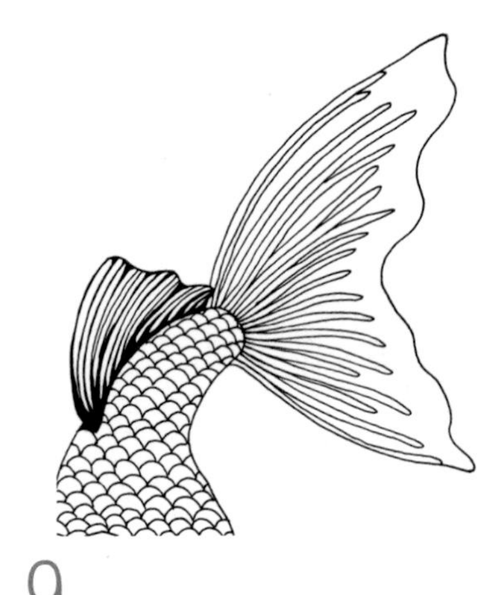

STEP. 9

接著是魚尾，先畫上細細的長條形。

STEP. 10

每根長條形的一邊塗黑，製造立體感。然後在每根長條形靠近身體交接處加重墨色。

STEP. 11

接著用 0.28 筆在長條形之間加上細線。

STEP. 12

最後在尾端加上小點。

STEP. 13

頭部魚鱗的地方，用簡單的圖案設計來處理。

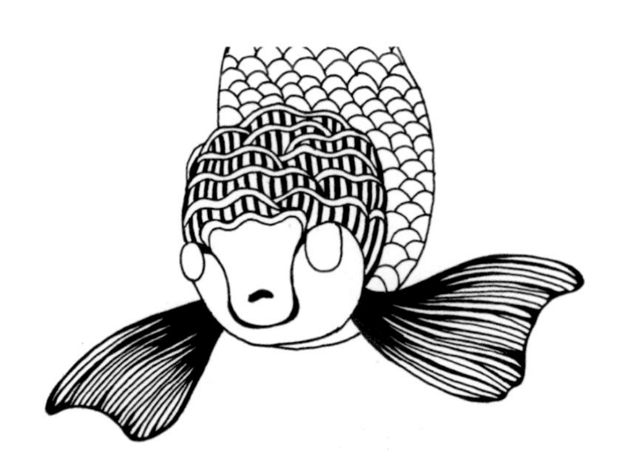

STEP. 14

頭部魚鱗完成。你也可以設計自己的 pattern 喔～

STEP. 15

身體魚鱗部分我也是選擇簡單圖案來處理。

STEP. 16

補上眼睛的墨色，再修飾一下嘴型。

STEP. 17

裝飾額頭的魚鱗線條，加上一些點點，增加臉部一點厚度感。

STEP. 18

最後，把尾巴靠近身體交接處的墨色範圍擴大些，再把一些長條形加深，讓尾巴在視覺上更重些。

STEP. 19

這樣，就完成囉～

▪ Roslag 棉羊

這隻綿羊有著亂亂的捲捲毛髮，我打算用寫意隨性的風格來畫牠～

步驟影片

Photo by Luke Hodde on Unsplash

STEP.1

直接下筆畫頭部的輪廓。因爲是寫意風格，外型不用太精準，抓到大概形狀即可。

STEP.2

用鉛筆淡淡畫出身體的輪廓。

STEP.3

以圈圈線來表現毛髮。頭頂用小圈圈，身體可大可小，可自行決定。

STEP.4

身體毛髮完成。

STEP. 5

用 0.28 筆在身體底部的圈圈多加些細線，製造出立體感。

STEP. 6

接著畫腳，形狀不用太精準，我選擇把腳塗滿墨色。

STEP. 7

頭部及其他細部處理：

- 把焦點留給身體的捲線條，所以耳鼻嘴部分簡單上墨色處理。
- 頭部周遭及下巴延伸到胸膛的捲捲毛髮加上細線，製造暗面，增加立體感。
- 身體下緣延伸到後腿的地方，再增加一些細線。

STEP. 8

最後在眼睛周圍點上一些小點點，增加可愛感，這樣就完成囉！

▪ 高山羊

這隻羊有著飄逸的毛髮，我想讓它們成為畫面的重點。

步驟影片

Photo by Jacqueline O'Gara on Unsplash

STEP.1

由於還不確定毛髮的走向及範圍，所以先畫出羊頭的輪廓線。

STEP.2

描外框線。

STEP.3

採用類似髮絲的形狀來畫毛髮。先畫出頭周圍奔放的毛髮，這樣才知道其他毛髮走向。

STEP.4

再來畫出背上的毛髮，延伸到尾部，決定羊身的範圍。我不打算畫羊腳，我想呈現毛髮豐厚且長的感覺。

STEP. 5

範圍訂出後，就可以盡情填滿線條，現階段不用畫很密，有些小空隙沒關係。

STEP. 6

開始修飾毛髮。

- 把和羊頭交接處的毛髮加深加重。
- 穿插地加深毛髮彼此間的交接處，做出前後層次感。

STEP. 7

此外，我們還可以這樣做：

- 有些髮絲彎曲處塗黑，讓單根毛髮也有陰暗面。
- 在部分比較寬的髮絲上，用 0.28 筆加上細線。
- 這個階段，可以開始慢慢把之前的小空隙視狀況選擇用細線或塗黑來補滿。

STEP. 8

大概做出層次後，把身體底部的毛髮都加重。這時可以大膽地把此區大部分的髮絲塗黑。

STEP. 9

處理好尾端後，繼續處理身體部分毛髮，確認有沒有哪些地方漏掉處理，或可以再增加層次。

STEP. 10

接著塗黑羊頭，但留下一個三角形狀的脖子部分。

tips/ 此張重點在身體的毛髮，所以羊頭盡量簡單處理，不要有太多複雜線條設計，以免干擾焦點。

STEP. 11

補上脖子的毛髮，交接處加深。

STEP. 12

審視畫面後，我覺得全部毛髮的層次不明顯，決定放手大膽把有些地方直接塗黑，讓毛髮的豐厚感更明顯。

STEP. 13

完成 STEP12 後，有著飄逸長髮的高山羊，就完成了。

▪ 北美灰熊

這隻有著尖角狀毛髮的灰熊，很適合拿來做自由線條的練習。

步驟影片

Photo by Margaret Strickland on Unsplash

STEP. 1

先畫一個長方形框，決定熊的大小，然後切分長框，用簡單幾何形定出身體各部位的大小位置。

STEP. 2

進行細修，把身形的凹凸畫出來。然後是耳鼻嘴眼，最後畫出爪子的形狀。

STEP. 3

灰熊的毛看起來有點像是小尖角形狀，所以我採用鋸齒狀的連續線條來表現。

STEP. 4

從頸部的毛髮開始往下畫到腳。頸部線條走向確定後，接著會比較好抓身體的線條走向。

STEP. 5

接著畫身體，身體的鋸齒線條相較腿部的線條，可以大一點。

STEP. 6

接著再用小鋸齒線條，畫剩下的兩隻後腳。

STEP. 7

現在處理頭部細節，這裡用弧度小一點的鋸齒線，下巴和鼻翼可改用小短線。嘴鼻區域留白做爲視覺亮點。可依個人喜好，全部補滿線條也可以。

STEP. 8

最後把一些區域再疊上鋸齒線條，增加暗度做出立體感。
· 從耳朵後方到頸部再延伸到背上的凹陷處，加重。
· 從下巴延伸到胸膛處，加重。
· 前腳中後方站立的那隻，因處於後方有身體的陰影，故加重。
· 身體腹部底部加重。
· 屁股部分稍微加重。
· 後腳中直立那隻跟腹部的轉折處，加重。
· 後腳中彎曲那隻跟身體交接處，加重。

■ 灰熊

接著，我們來用另一種風格畫法來表現動物。

步驟影片

Photo by mana5280 on Unsplash

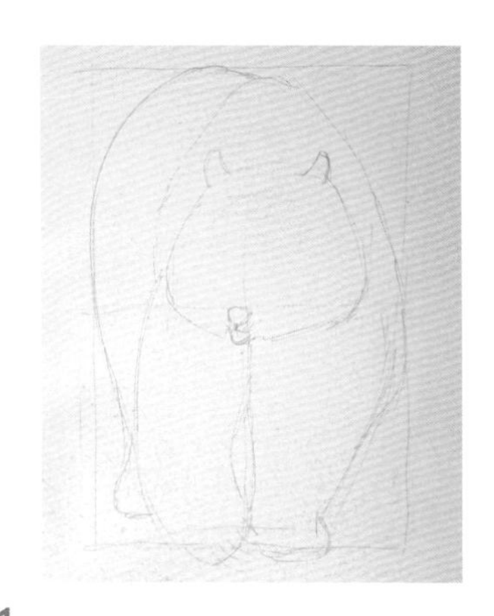

STEP. 1

同樣畫出一個長框訂出熊的大小。接著用大塊形狀訂出身體各部位。

STEP. 2

接著開始細修，細修完用橡皮擦拭，不要完全擦乾淨，留下淡淡的鉛筆輪廓線。

STEP. 3

這隻熊用短線條畫，保留的淡淡輪廓線可以作爲形體範圍的依據。

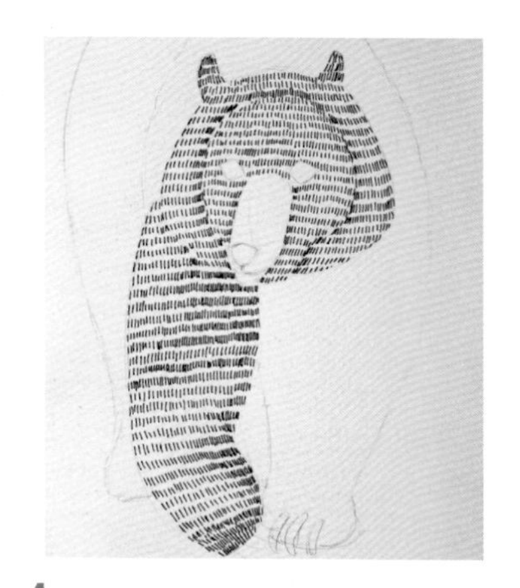

STEP. 4

每一排的短線可以讓線條有些密、有些疏。

STEP. 5

右腳線條密一點，以便和左腳做出視覺上的區隔。

STEP. 6

照片裡，有些毛髮因光線而形成一圈白，這時把線條分開一些，就能製造出這種感覺。

STEP. 7

接著把身體全部填滿。

STEP. 8

把爪子畫出來。

STEP. 9

眼鼻口塗黑。

STEP. 10

把一些交接處稍微再疊密一些，就完成了。

★提醒

這隻熊想單純展現線條，所以對於陰暗及立體感，不做太多處理。如同高山羊，我想表現的是飄逸線條，並沒有太著墨於羊身的立體感。畫畫本就沒有一定要怎麼畫，完全是看你想展現什麼。

▪ 哥德蘭兔

這隻兔子的毛髮，我想用個人很喜愛的
一種線條畫法來表現。

步驟影片

Photo by Stefan Fluck on Unsplash

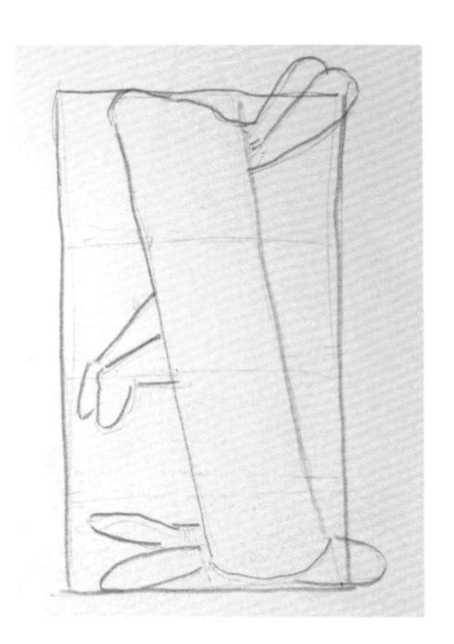

STEP.1

先訂出兔子的大小和身體各部位的位置。(因鉛筆線較淡，改以粉紅色表現)

STEP.2

進行細修。

STEP.3

上線框。身體毛髮部分用大片像頭髮又像葉子的形狀，將身體做大面積的切割。

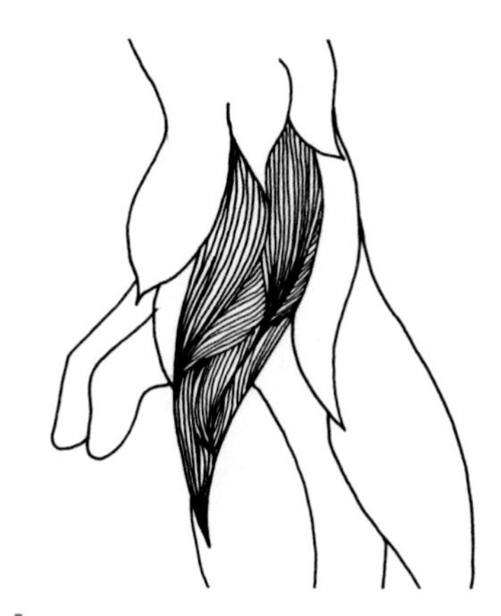

STEP.4

接著在每片大形狀裡隨性且直覺性地再分割更小塊，然後補上細線。

STEP. 5

依照這個邏輯逐步把每個髮片填滿。

STEP. 6

完成身體及手腳部分。

STEP. 7

把耳朵和脖子的毛髮完成。頭部我同樣採留白方式處理。

★提醒

個人喜好臉部乾淨，較有純真的感覺。

STEP. 8

用點的方式把鼻頭做出些許立體感。另外，我個人喜歡在眼睛周圍加上點，增添魔幻感。

STEP. 9

我覺得身體的外緣線過於平順顯得不自然，於是在身體外圍再添上一些髮片，讓身形看起來更自然。

STEP. 10

把一些部分再加深一點。
· 雙腳和身體的交接處。
· 尾巴跟身體交接處。
· 雙手交接處。

這樣，就完成了最後一隻動物的練習了～

chapter 3 總結

· 先用框形訂出整隻動物的面積。
· 用幾何形大塊區分身體的各個部位，再來細修輪廓。
· 要用寫實、寫意、圖案化還是風格化來繪製，依個人喜好選擇。
· 別被寫實的毛髮限制線條創造力，它們是一個引線，點燃你的靈感。

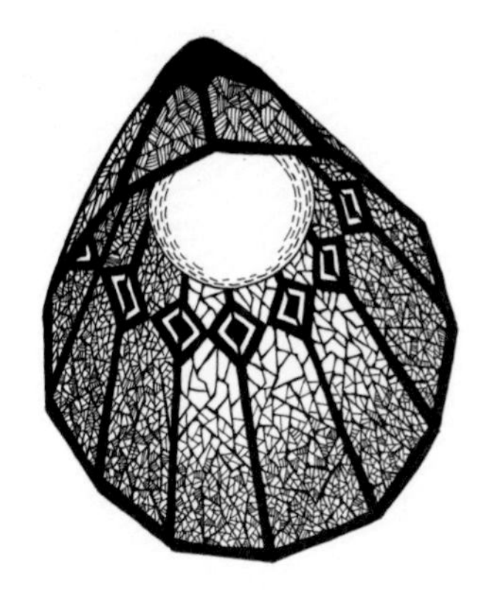

CHAPTER 4

日常

這一章，我們要來練習畫下身邊常見的事物。

另外，將用簡單的示範讓你搞懂透視，教你畫出有透視感的物件。

在進入日常物件的描繪前，
容我再介紹一個東西——「**視角**」

視角就是觀看世界的角度，
爲什麼需要介紹它呢？
很多同學問我：「老師，爲什麼我畫的東西看起來怪怪的？」或「老師，我的畫好像歪歪的……」
會出現這種狀況，通常是因爲忘了視角這件事。

先來看看下面的照片。
這是我們在食物正上方看到的樣子，咖啡杯口是正圓，吐司是正的長形，蛋糕是等腰三角。

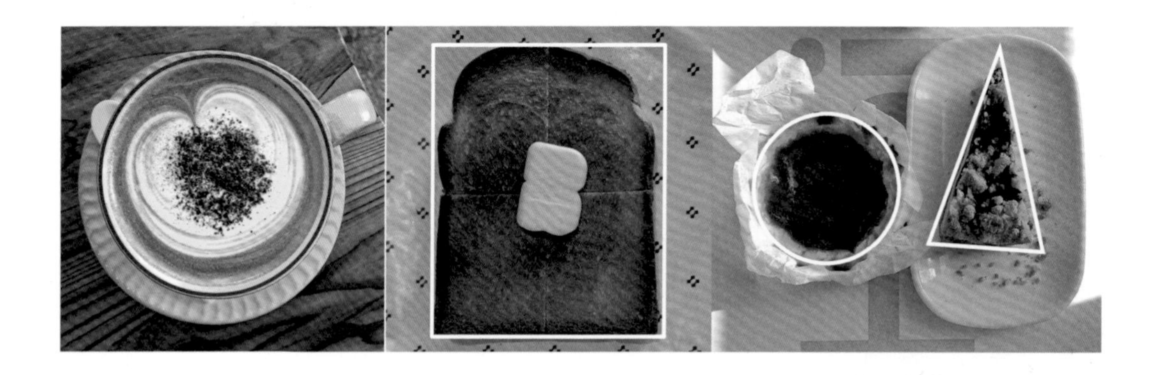

然而在日常生活中，我們很少會用這個角度看東西。通常，我們看到的比較會是下面照片呈現的樣子；咖啡杯口是橢圓形，吐司變成了平行四邊形，蛋糕的三角形也不是等腰了。大部分的時間，世界在我們眼中是長這個樣子。

所以，當我們下筆時，要先「**觀察**」。觀察什麼呢？

形狀大小和相對位置。
當視角不同，物體就「變形」了，圓不再正圓，方也不再正方。所以必須觀察物體形狀及大小差異，而物品每個部位的相對位置可以幫助你抓到它們身形的正確比例。若有注意到這些細節也拿捏得當，那畫看起來就不會歪到哪裡去喔，現在，練習觀察並繪製這些日常生活裡的東西吧！

▪ 馬克杯

這個視角是一般人平常最常觀看物品的角度。

步驟影片

Photo by Calum Lewis on Unsplash

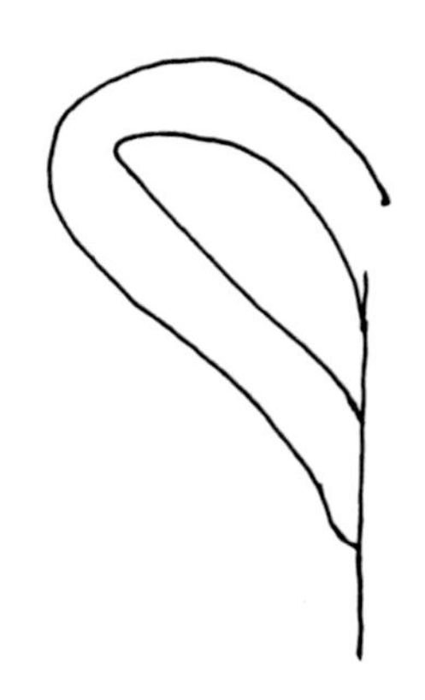

STEP. 1

從把手先開始畫，因爲把手與杯身連接的位置，可以做爲杯身高度的定位依據。

STEP. 2

接著畫出整個杯子的外型，形狀不用完美，手繪自有手拙的魅力。

STEP. 3

用鉛筆畫出杯子上的圖案，越到杯身左右兩側，因爲視角關係，圖案會產生變形。

STEP. 4

畫上外框線。爲避免上墨色時錯亂，可以在要上色的地方，用鉛筆線畫上記號。

STEP. 5

將圖案上色，可依自己的喜好上色。

STEP. 6

為咖啡畫些水波紋，可以全部塗黑或畫上喜歡的水波紋。

STEP. 7

把咖啡的墨色完成。

STEP. 8

現在用點來處理把手的立體感，先大致在暗面地方鋪上一層點點。

STEP. 9

在最暗的地方再鋪上適當密度的點。

STEP. 10

將把手轉彎的地方點出來。

tips/ 處理陰暗面一層一層加，不要一次畫的太滿太重。

STEP. 11

在最暗的地方再鋪上一些點，讓明暗差更爲明顯。

STEP. 12

杯子下緣也加上一些點，兩側的點密度高一些。接著，在杯子底部點上密度高的點，此爲陰影最暗處。

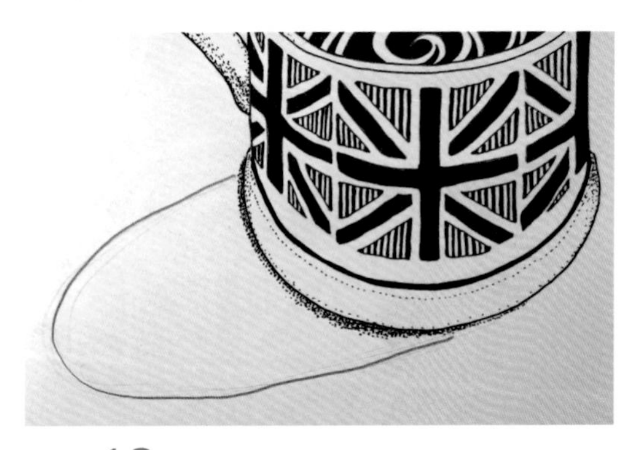

STEP. 13

先用鉛筆畫出陰影的大概範圍。（因鉛筆線較淡，改以粉紅色表現）

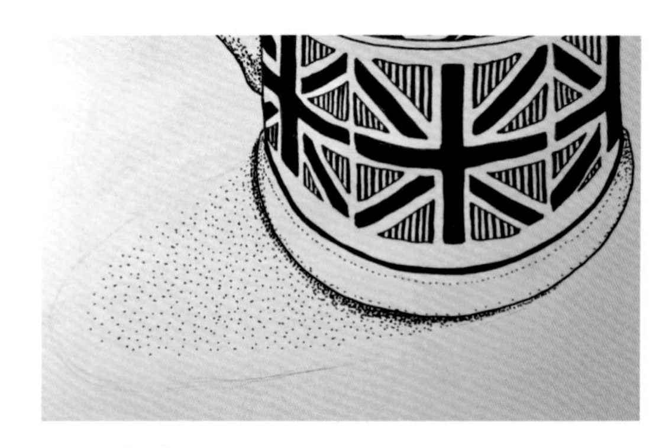

STEP. 14

先大致鋪上一層點，密度不要太高。

STEP. 15

從最暗處往外開始鋪上一層點，此為第二暗的陰影區。

STEP. 16

接著從第二層往外點出去，做出陰影漸層感。

STEP. 17

杯口內緣及外緣轉彎處也加上點，把暗面做出來。

STEP. 18

審視整個畫面，覺得陰影整體太淡，再鋪上一層點。

STEP. 19

這樣，杯子就完成囉！

▪ 蛋糕

下次，用畫畫取代照相機，上傳 IG 生活分享圖喔！

步驟影片

STEP. 1

先畫出形狀完整的叉子來作定位。

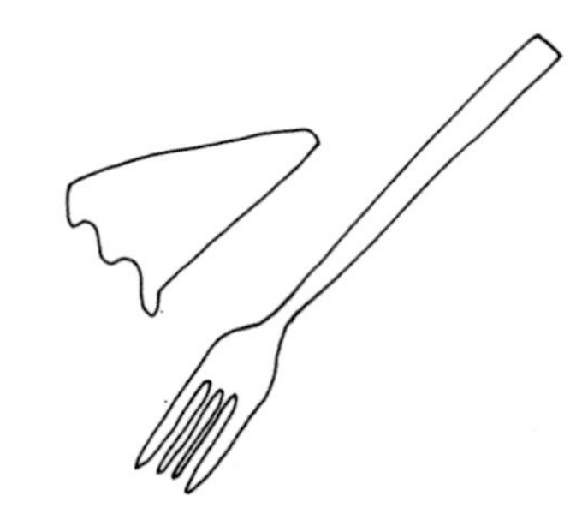

STEP. 2

接著抓出大概位置，把蛋糕上層形狀完整的糖霜畫出來。

STEP. 3

將其他部分完成，線條不用太完美，之後可以再做修飾補救。

STEP. 4

畫出盤緣的半圓形，越到後面的半圓會縮小及變形。

STEP. 5

半圓形先上墨色，接著畫第二層的花紋。圖案可自己設計，記得越後面，圖案就會縮小、變形。

STEP. 6

花紋上色，其中加了小半圓豐富畫面。（這時一開始不順的線條就都補起來了）

STEP. 7

盤子中央我改成畫一朵花，花瓣外緣會因爲盤子中央凹陷而有些許變形。

STEP. 8

花朵上墨色簡單處理。

STEP. 9

第二層花紋再加一些小線條裝飾，同時利用線條的彎度帶出盤子的弧度感。

STEP. 10

盤子中心凹陷處加一些線條，距離中心較近的線條密一點。

STEP. 11

接著用點來表現蛋糕的蓬鬆質感，糖霜上的檸檬片也用點做出來。別忘了畫出叉子的厚度感。

STEP. 12

在盤子中心凹陷的範圍加上點，充當糖霜，同時也讓凹陷處明顯出來。

STEP.13

用鉛筆畫出陰影的範圍。（因鉛筆線較淡，改以粉紅色表現）

STEP.14

- 用密度相同的點把陰影點出來，陰影的最暗處位於盤子中心底部，所以外緣的陰影會是淺的。
- 最後審視畫面，在盤子凹陷處再補上點點，讓凹陷感更明顯。這樣，我們就完成這盤蛋糕了。

▪ 舒肥雞沙拉

來看看怎麼畫這盤沙拉！

步驟影片

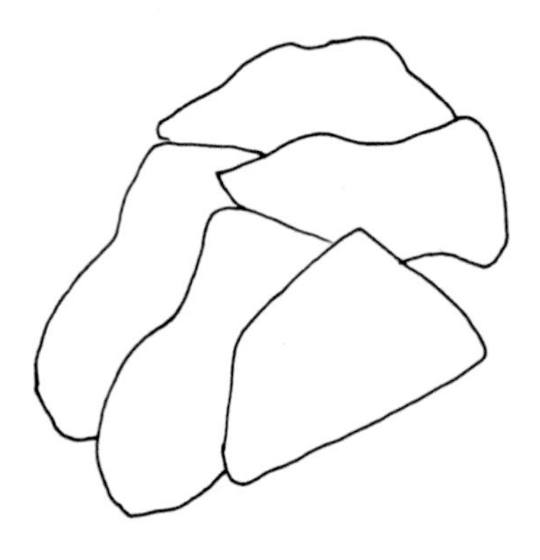

STEP.1

依照 chapter1 植物篇說過的邏輯，先按編號順序畫出雞肉。

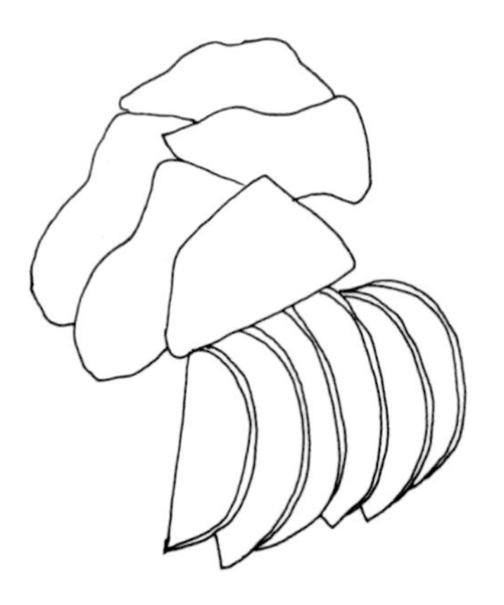

STEP.2

接著畫蘋果。

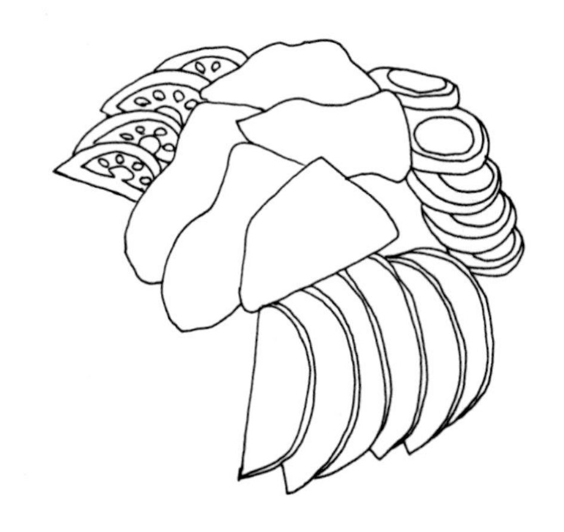

STEP. 3

畫蛋和番茄時，從最上層開始依序往下畫。

STEP. 4

玉米部分隨興畫，不用和照片一模一樣，大小、上層下層及各種角度隨意穿插。

STEP. 5

接著用不規則形代表蔬菜，最後畫上盤子外緣。

STEP. 6

雞肉上加上彎曲的線條，畫出雞肉的陰暗面。

STEP. 7

依照 STEP6 畫法，把剩下的雞肉線條完成。

STEP. 8

番茄我選擇上墨色處理，因爲它是裡面顏色最深的。而其他食物也將採用線條處理，所以番茄就單純一點。

STEP. 9

· 蛋黃點綴一些彎曲的小線條，蛋白陰暗面用線條表現，其他則留白。
· 蘋果皮用交叉的密線條表現，每片蘋果交接處畫上陰影，果肉部分在邊緣加一點小曲線即可。

STEP. 10

用線條畫出玉米的立體面，有些顆粒可以加上細線代表暗面，玉米堆縫隙處可用塗黑處理。

STEP. 11

蔬菜就依 chapter1 畫植物的方式，加上一些葉脈，然後用線條交錯法處理陰暗面。

STEP.12

- 握筆方式改成幾乎和紙平行的角度，以此擦出線條畫出盤子深度感。盤子深處的線條密一點，越往外圍線條越稀疏。
- 同樣握筆方式，在雞肉交疊處淡淡擦出一些陰影，然後在肉的邊緣也擦出一些線條，製造出肉的厚度感。

STEP.13

最後，在蛋黃、蘋果果肉及番茄間的交疊處，用同樣方式，擦上一層淡淡的線條。這樣，這盤沙拉就完成了。

▪ 披肩

步驟影片

Photo by Milada Vigerova on Unsplash

STEP.1

用黑筆畫出外形。

STEP.2

觀察完鉤針的形狀，我把它們簡化成一朵四片花瓣的連續圖案。

STEP.3

用這個圖案把披肩填滿。

STEP.4

領口和披肩下緣的地方，用類似麻花辮的圖案來處理。

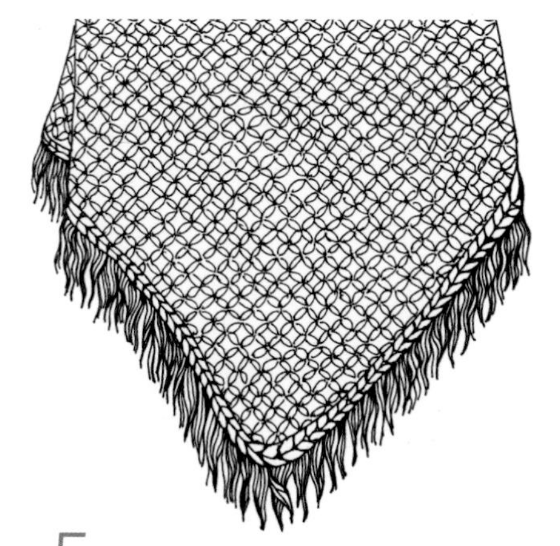

STEP. 5

畫出下襬的流蘇，流蘇彎度依自己喜好決定，不用跟照片一樣。

STEP. 6

衣架簡單用線條交代，暗面地方直接塗黑。

STEP. 7

將披肩的外框線、領口及下緣麻花條的外框線加粗。把領口麻花辮間的空隙塗黑，凸顯出麻花辮的形狀。

STEP. 8

- 用斜線條把隱藏在披肩下的衣架畫出來。
- 領口陰影的地方也用線條畫出來。
- 使用畫沙拉時的水平握筆方式，將披肩上的皺摺陰影擦出來。這樣，就完成了！

▪ 草帽

這頂印地安風的草帽，可以練習處理因皺摺而產生的線條變化。

步驟影片

Photo by Ricardo Gomez Angel on Unsplash

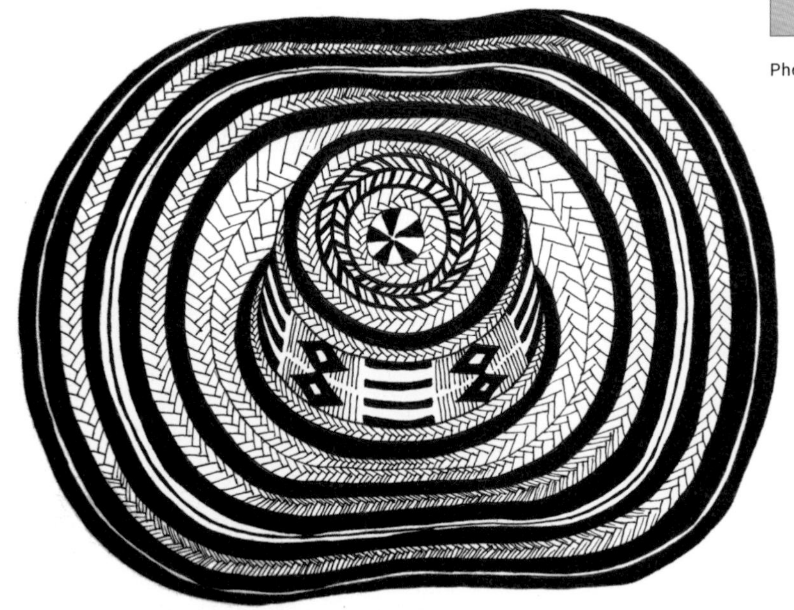

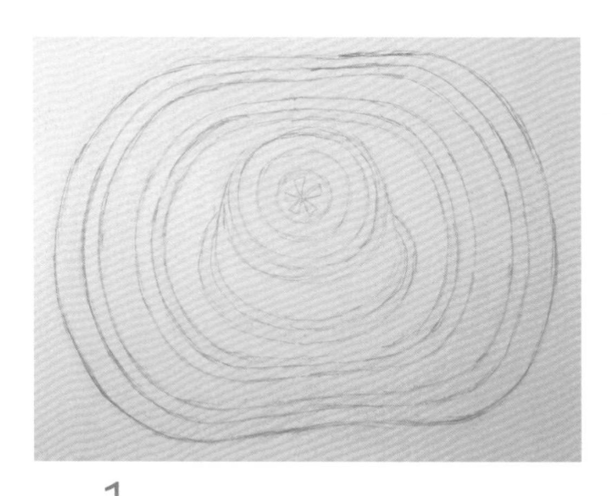

STEP. 1

這頂草帽線條有點繁複，先用鉛筆打草稿。

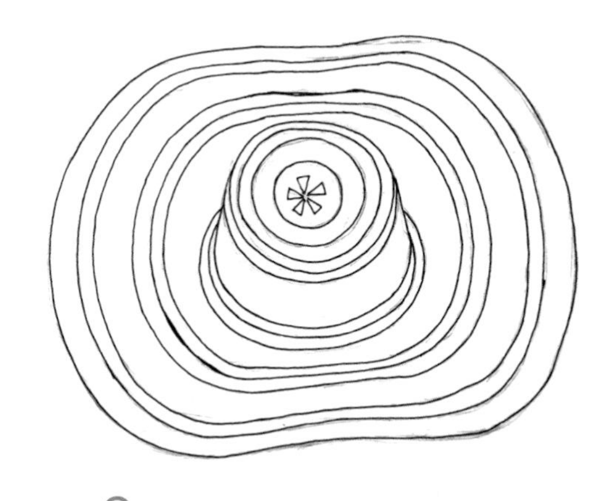

STEP. 2

完成外框線。

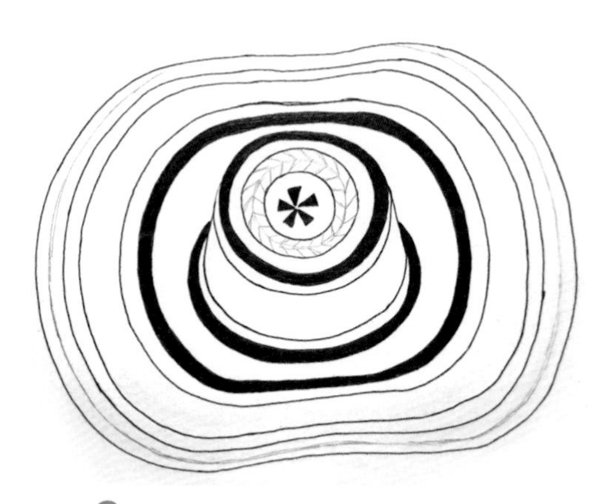

STEP. 3

先把確定的線條塗黑，以免視覺錯亂。接著用鉛筆畫出帽頂的圖案，及最外圍色帶的分隔線。

STEP. 4

把外圍色帶完成，小心別把白線畫不見了，帽頂的圖案可以依個人喜好上色。

STEP. 5

接著處理中間的寬色帶，先用鉛筆把它們區隔成兩條色帶。

STEP. 6

兩條色帶上色後，在它們之間再畫上一條細線。

STEP. 7

接著用鉛筆勾勒出你想要的帽子圖案。

STEP. 8

圖案上色。

STEP.9

接著用類似倒著的「入」字形，表現草帽編織感，把空餘的白色地方塡滿。

STEP.10

中間白色區域較大，分隔成兩條處理。

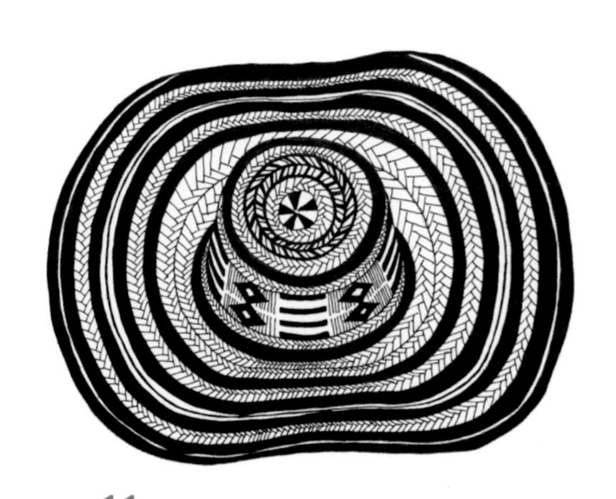

STEP.11

在草帽皺摺處的編織圖案會變形且變小。

STEP.12

最後，在帽簷上下的凹處，加上細線讓該處成爲暗面後，帽子就完成了。

▪ 椅子

讓我們用這張椅子來練習如何畫出木頭紋路。

步驟影片

Photo by Tuyen Vo on Unsplash

STEP. 1

用鉛筆先大致勾勒出椅子的骨架。（因鉛筆線較淡，改以粉紅色表現）

STEP. 2

接著畫出椅子的細部輪廓。

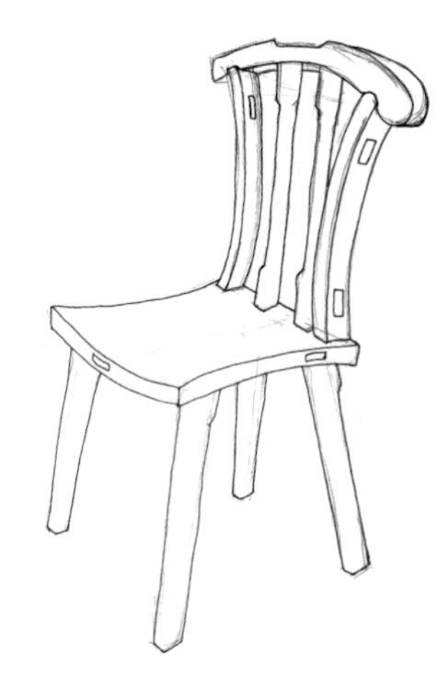

STEP. 3

完成外框線。

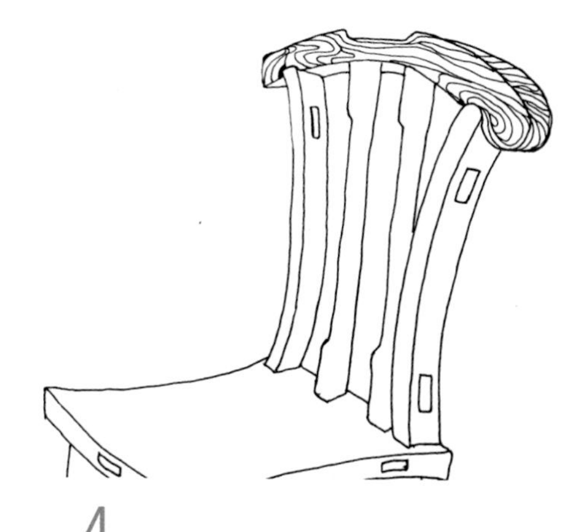

STEP. 4

用不規則的曲線來製造木頭的紋路感。

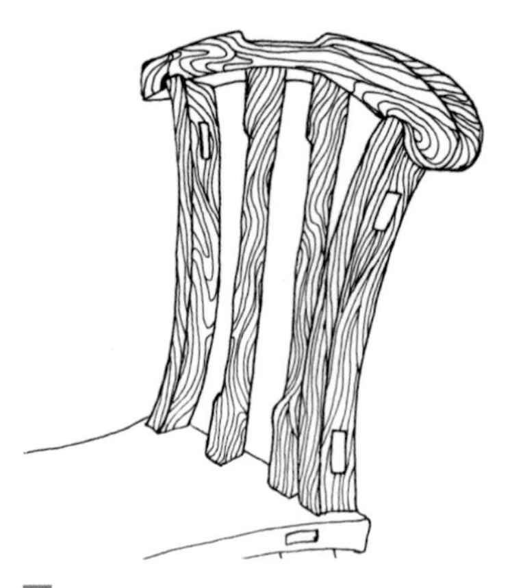

STEP. 5

參考照片的紋路來畫椅背的線條走向。

STEP. 6

接著完成椅面和椅腳的紋路。

STEP. 7

開始處理暗面。將暗面處部分線條加粗，並補上細線增加整體密度。

STEP. 8

其他木條同樣依照 STEP7 的方法把暗面做出來。

STEP. 9

接著處理椅背上方木條的暗面。

STEP. 10

椅腳的暗面比椅背的暗面淺，椅腳跟椅面底部交接處，可稍微加重。

STEP. 11

椅面的三角陰影部分，一樣採用加上細線，並加粗局部線條來呈現。

STEP. 12

最後在椅腳下簡單刷出陰影線條，就完成了。

■ 吊燈

練習畫出仰視下的物件，這個視角下的
東西會呈現近大遠小的視覺效果。

步驟影片

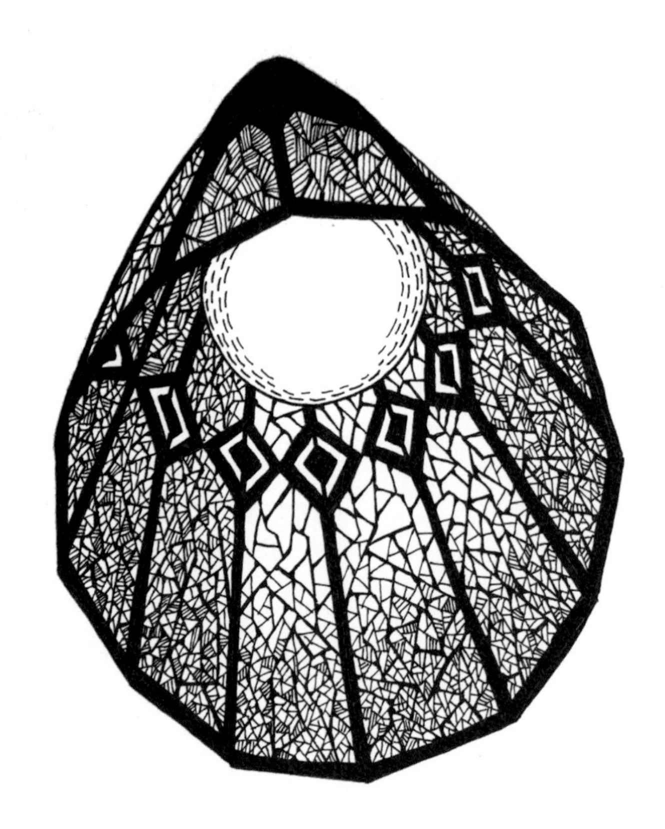

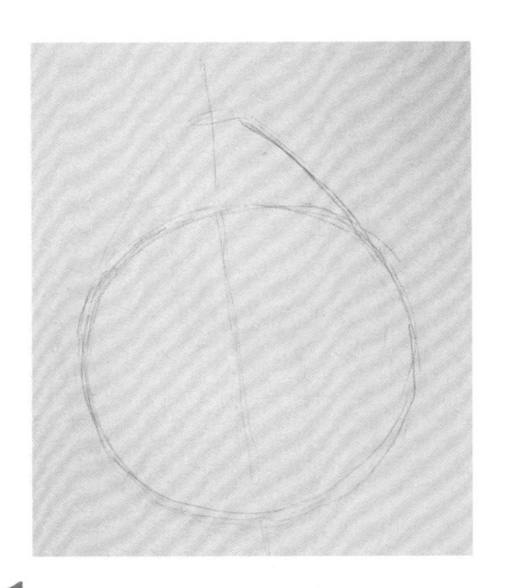

STEP.1

燈罩形狀先簡單用橢圓形決定大小，並訂出中軸線。

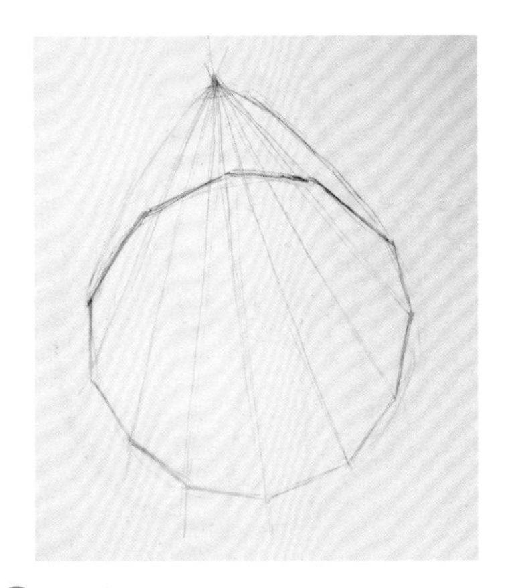

STEP.2

從燈罩的終點處拉出線條，將橢圓形切割出燈罩的曲面。

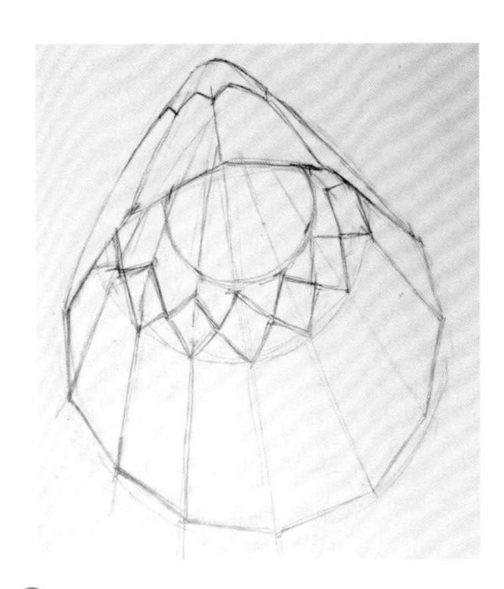

STEP.3

接著就畫出燈罩細部圖案。

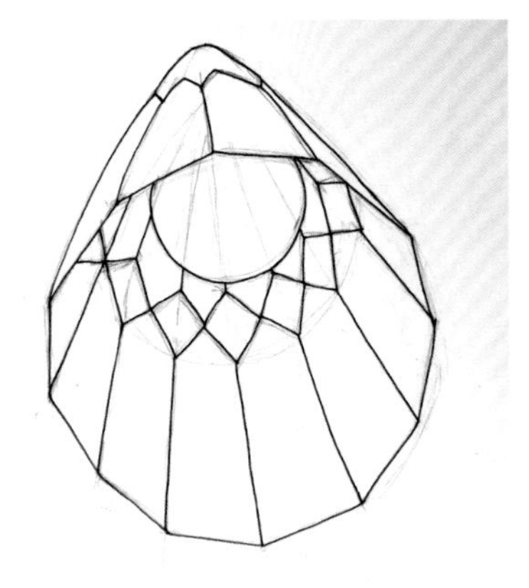

STEP.4

接下來完成線框。菱形的形狀會隨著橢圓的弧形而變形。

STEP. 5

邊條塡滿墨色。

STEP. 6

你可以跟著畫，或自行設計菱形裡的線條。

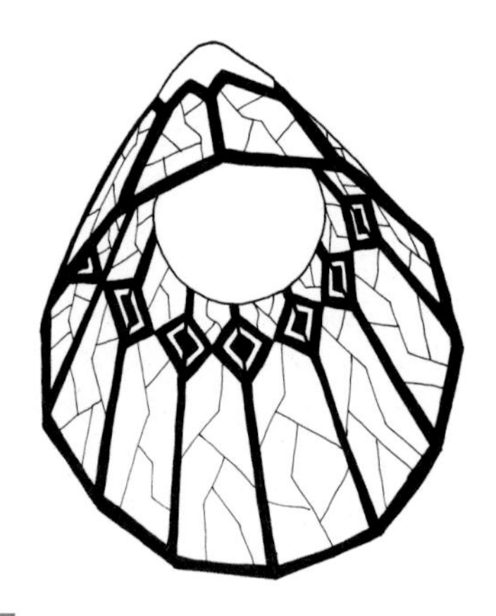

STEP. 7

每個曲面用線條切割成不規則的塊狀。

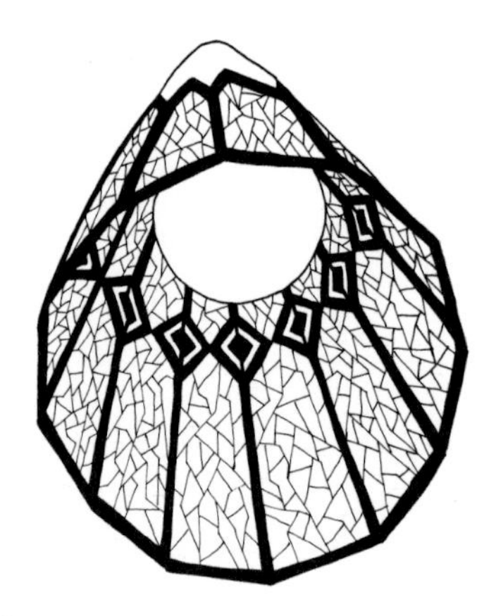

STEP. 8

把 STEP7 的不規則塊狀再切出小區塊。

STEP. 9

在每個小區塊裡，畫上不同方向的線條，讓這區變暗。

STEP. 10

依照 STEP9 步驟，完成最上方的四片。

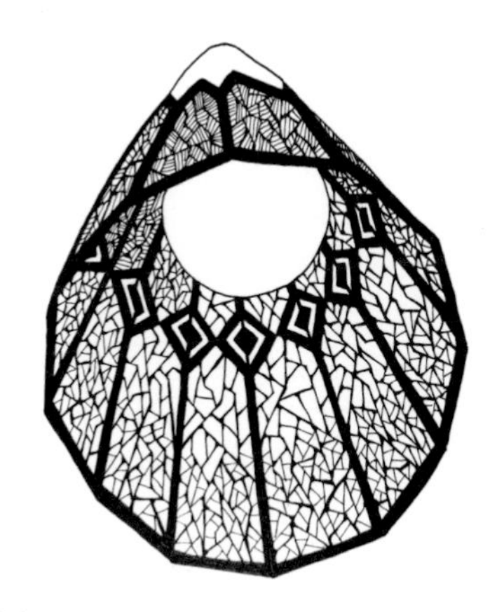

STEP. 11

接下來，將所有曲面的小區塊再切割。保留接近燈泡的區塊，此處是亮區，不需再切割。

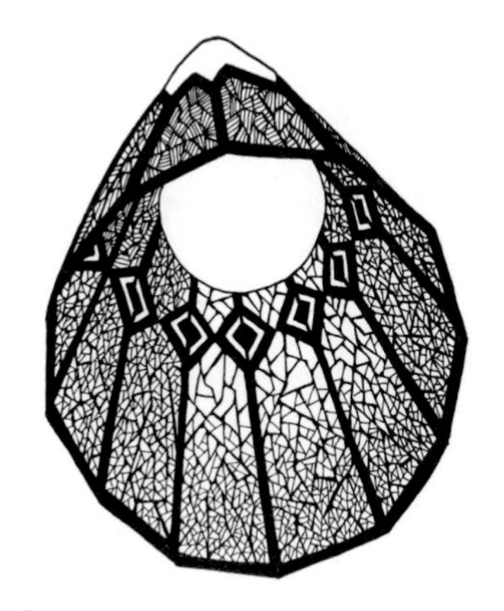

STEP. 12

小區塊再做切割，凸顯暗面。

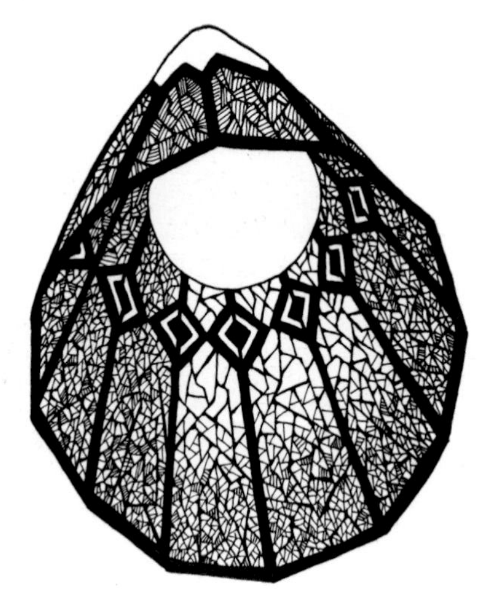

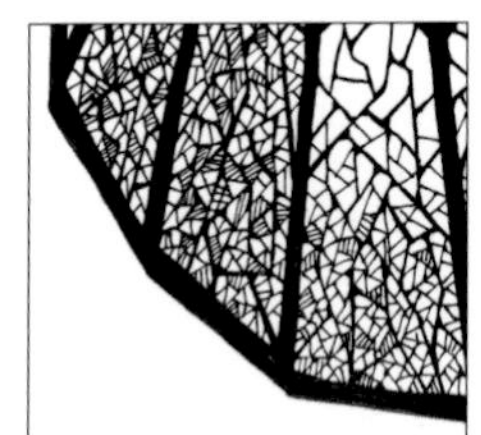

STEP. 13

穿插選擇一些小區塊填上細線，增加暗度及斑駁感。

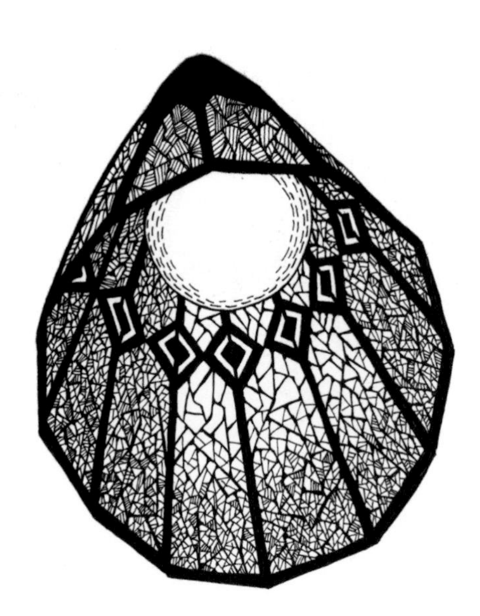

STEP. 14

最後，在燈泡邊緣畫上虛線，就完成了。

▪ 摩托車

這是幾乎在平視下的摩托車外形，讓我們來嘗試拆解它的形狀並繪製出來。

步驟影片

STEP.1

先用幾何形大致勾勒出車子的架構。我省略側面變速箱和空氣濾靜器等細節，直接把後方外殼加大，簡化造型。

STEP.2

接著畫出細部輪廓。

STEP.3

完成外框線，車輪塗黑簡單處理。

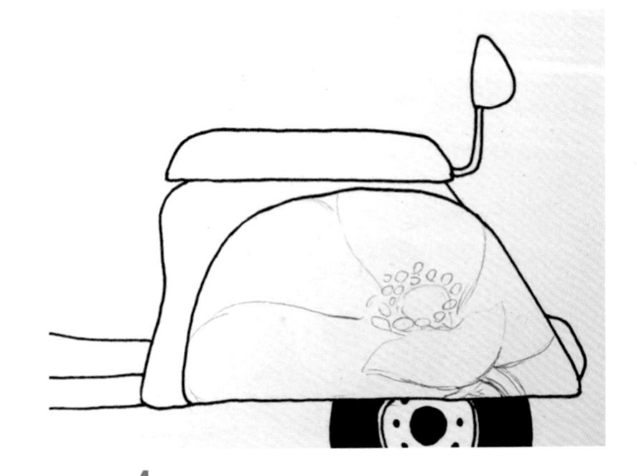

STEP.4

我在後車殼上直接畫上一朵大花。

STEP. 5

用線條來處理大花。

STEP. 6

把前輪車蓋當成花瓣，畫上線條。

STEP. 7

後車殼左側加上一條粗線，呈現厚度，也因為厚度的關係，未完成的花瓣，要與已完成的花瓣稍微錯位。

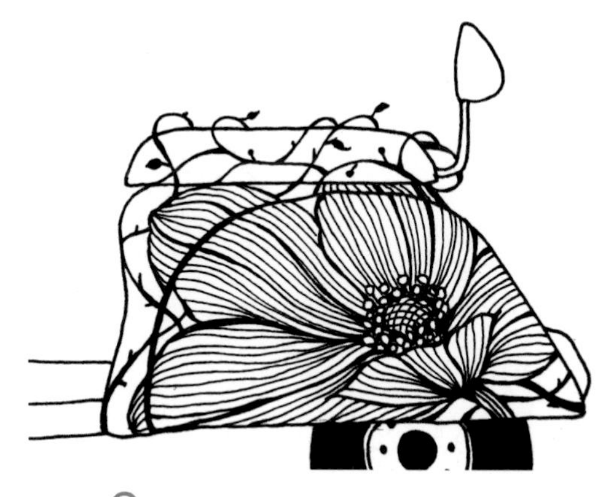

STEP. 8

花朵周圍加上枝條小樹芽，蔓延到座墊。

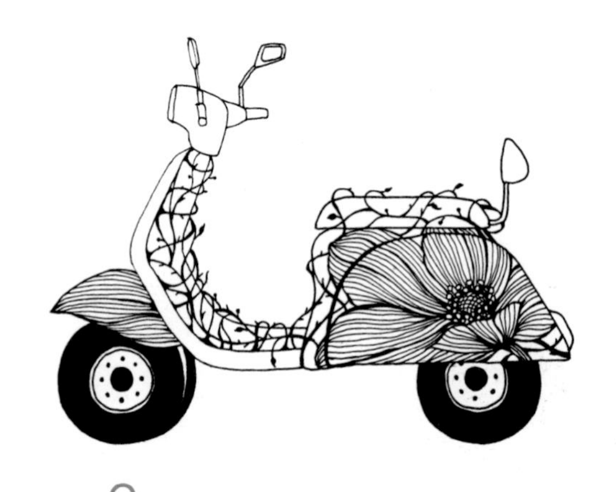

STEP. 9

接著再蔓延到腳踏板區。

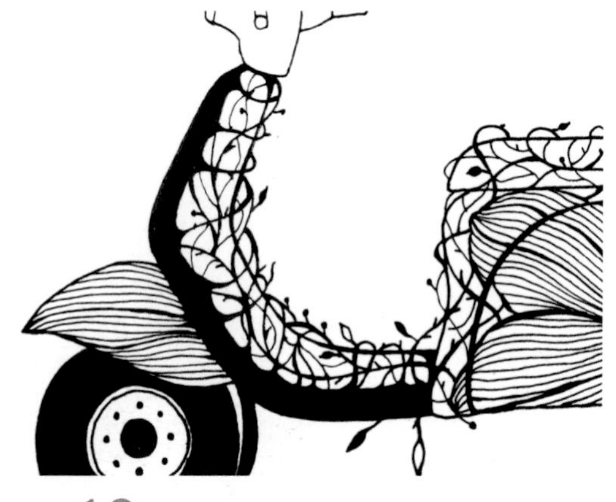

STEP. 10

前護板塗黑，並將枝條和前護板連在一起，讓人感覺枝條從護板長出來。

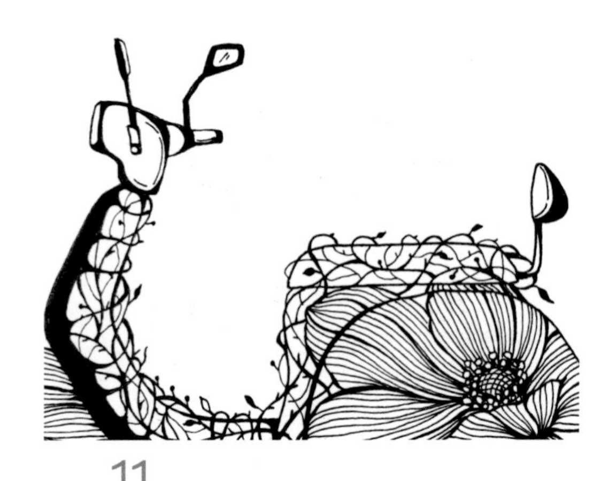

STEP. 11

後照鏡架塗黑即可，接著畫出車頭和椅背的暗面。

STEP. 12

在陰暗處加上點點，增加細緻感。

STEP. 13

· 再增加一些枝條在車子的周圍，讓枝條攀爬的感覺更完整。
· 最後簡單畫上地板線條，被植物佔滿的偉士牌就完成了。

chapter 4 總結

· 畫前先注意物件的視角爲何。
· 在物件裡加上自己的創意，別被照片限制想像。
· 觀察，觀察，觀察。

CHAPTER 5

構圖與層次

這一章將練習如何安排畫面裡的各物件，

以及如何處理層次和視覺焦點。這裡不會提及太多構圖理論。

理論並非唯一準則，別讓它阻礙你的感受力及判斷力。

▪ 復古檯燈電話

這張照片看起來沒什麼問題，但若要畫下它，可以有更好的安排喔～

步驟影片

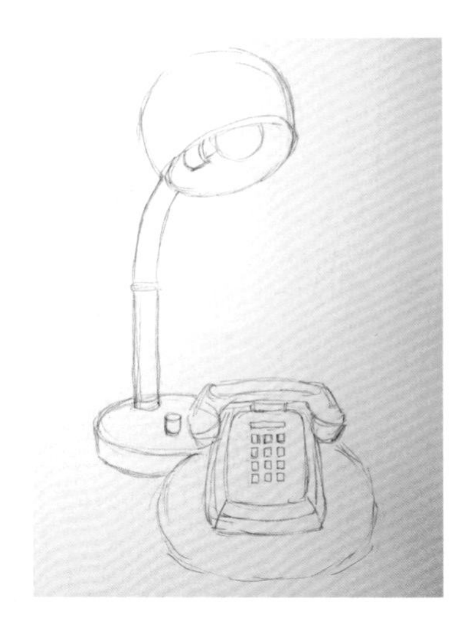

STEP. 1

將檯燈降到與電話同一平面，並移到電話後方，讓它稍微被遮到。

tips/ 兩個物件距離拉近並稍微重疊，視覺上會被視為一組東西，畫面看起來會比較簡單乾淨。

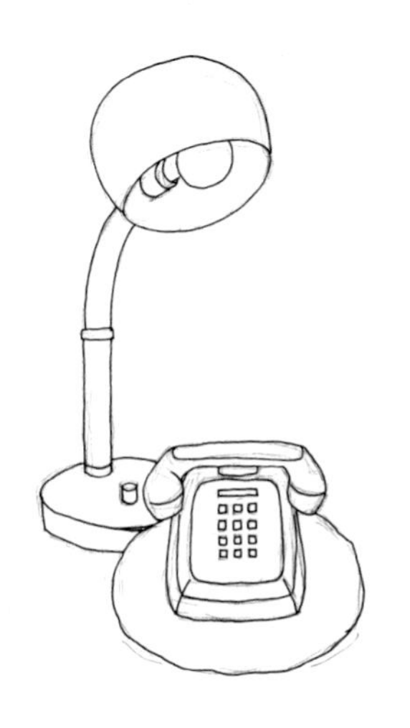

STEP. 2

畫上線框。

STEP. 3

先畫出軟墊的編織圖案。

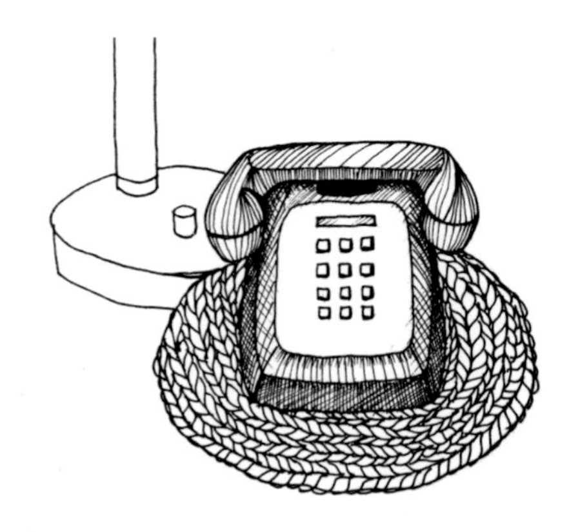

STEP. 4

用線條交錯方式，畫出電話的陰暗面。

STEP. 5

處理軟墊的立體感：

· 軟墊最外圍的編織圖案加細線，增加暗度。

· 電話底座後方可用斜線製造暗面。

· 編織圖案局部空隙塗黑，製造出層次。

STEP. 6

燈座簡單用線條處理。

STEP. 7

燈罩用弧線線條來表現，帶出燈罩的形狀。

STEP. 8

在電話鍵面板的周圍補上一些斜線。最後，
幫電話和檯燈加上黑色陰影，就完成了。

▪ 老派下午茶

我們來看看當物件比較多時，畫面要怎麼佈局。

步驟影片

這張照片裡的物件，彼此之間存有很多小空隙（紅框圈起處），
導致畫面被切割的很零碎，看起來也顯得鬆散無法聚焦。

怎麼重新安排？首先決定要畫的物件：
· 二個杯盤組是主角，保留。
· 花瓶和面紙架可當後景，保留。
· 後方奶精杯和書本的擺放，形成很多小空隙且造成雜亂，省略。
· 前方奶精杯可當前景，保留。
· 如此，這張畫將有三個層次：
前景 / 奶精杯、中景 / 杯盤組（視覺焦點）、後景 / 面紙花瓶

STEP. 1

右邊杯盤組往前，讓兩組杯盤減少空隙。後方面紙、花瓶往右移些。如此一來，現在畫面空隙減少，視覺集中也乾淨。

STEP. 2

花草屬於不規則形，所以我選擇先完成花草的墨線框，接著再畫面紙的線框。

STEP. 3

完成全部線框。

STEP. 4

參考照片，畫出杯盤上的葉子圖案，不用跟照片一樣，可以自行發揮。

STEP. 5

完成葉子圖案的處理。

STEP. 6

· 湯匙和杯子把手用簡單的線條畫出立體感。
· 兩個杯底的最深陰影處，塗黑處理。
· 杯口外緣及盤子外緣加上黑邊條，盤緣再補一層厚度。

tips/ 黑邊條不是等粗，由於視角關係，線條越到後面越細。

STEP. 7

· 用線條畫出奶精杯的陰暗面。
· 完成杯盤組和奶精杯的陰影。

tips/ 不想塗黑處理陰影的話，斜線是另一個表現方法。

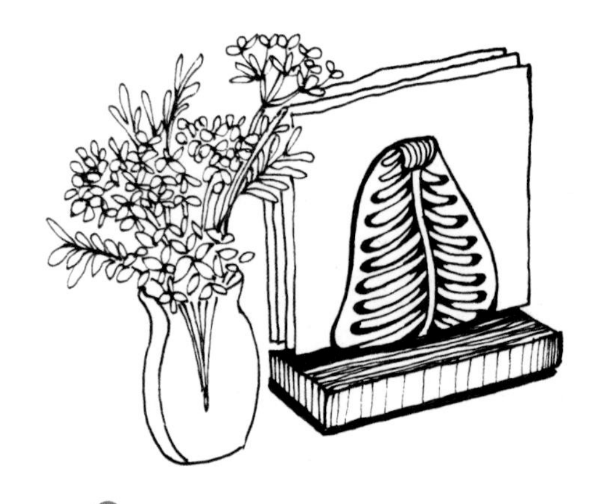

STEP. 8

接著處理面紙架，圖案可以自行設計。

STEP. 9

· 花瓶裡的草塗黑處理，凸顯白色的花。
· 用粗線條表現花瓶的凹凸紋理。
· 用斜線條刷出面紙陰暗面。

STEP. 10

補上花瓶的陰影。

STEP.11

- 目前空杯子讓畫面看起來有點空虛，所以在裡面加了紅茶，表面隱約漂浮著一片檸檬片。
- 杯口內緣補上小線條，增加杯子的弧度立體感。
- 盤子中心凹陷處，簡單用線條表現。

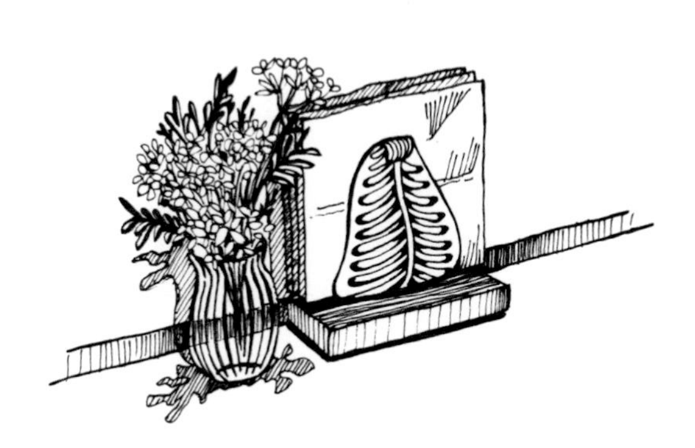

STEP.12

- 加上後方牆壁的色帶。
- 再補上花瓶和面紙在牆壁上的陰影。

STEP.13

最後，在杯身下緣及兩側加上細線帶出弧度感，就完成這幅下午茶囉～

▪ 生活小物

步驟影片

接下來，利用這兩張照片，練習選擇物件並重新安排畫面。

攝自｜日日村食堂

來看看我們可以怎麼開始進行構思畫面：
我主要喜歡的是 B 圖的編織袋，所以我將採用 B 圖的擺放方法來做主構圖。

接下來決定要畫哪些東西：
· 編織袋會是我想要的畫面焦點，所以時鐘和花環省略，把物件減少讓視覺往袋子集中。
· B 圖左邊 A DAY 層架區，視覺上太重會搶去焦點，且擺放物件太零碎，改用 A 圖的架子和三個在視覺上有高低層次變化的物件
 · 高的牛奶壺
 · 矮杯子
 · 小黑板

STEP.1

打線稿。

- 選用 B 圖的橫式構圖，照前頁的選擇把物件畫上去。
- 我在牛奶壺裡加上 B 圖的乾燥花，讓矮架上方的區域不至於太空。

★提醒

這張構圖並沒有把東西放在正中央，而是呈現左右對角的擺放，在視覺理論上，人們會自動看成一個完整的長方形，所以即使兩邊東西沒有左右上下對稱，還是可以達到視覺平衡。

STEP.2

畫上線框。

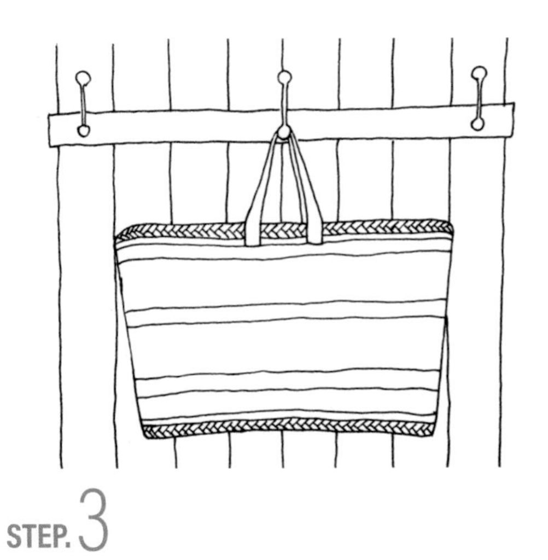

STEP. 3

先處理視覺焦點編織袋，袋子上下邊條畫上類似「入」字的線條圖案。

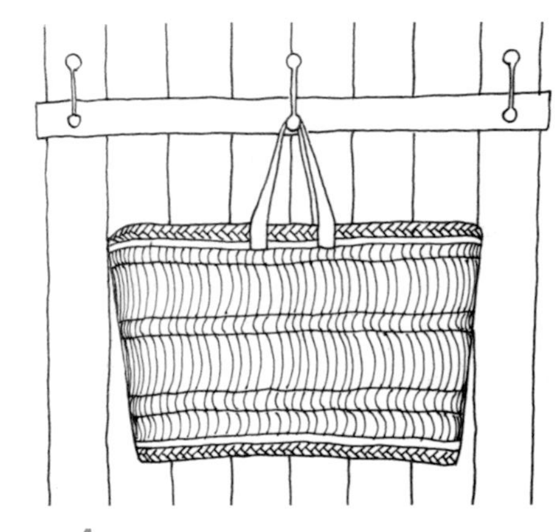

STEP. 4

袋子的編織簡化成交錯的小弧線和大弧線。

tips 袋子左右兩側有弧度，線條在這邊會稍微密一些。

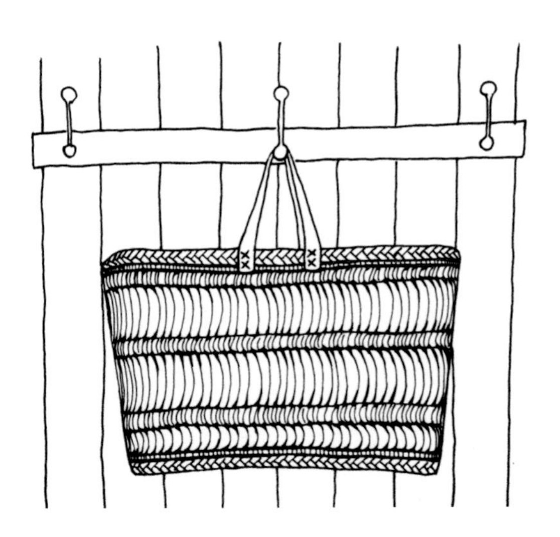

STEP. 5

- 大弧線上下稍微塗黑，作出立體感。
- 小弧線的部分，再加上細線讓它們密一些，讓袋子整體有層次感。

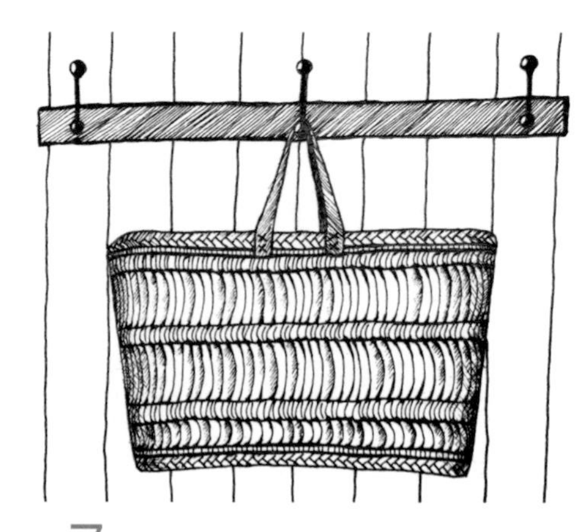

STEP. 6

處理左邊層架上的小物件，圖案可自行設計。

tips／ 小物件上的圖案不用太複雜，以免太搶眼讓畫面失去焦點。

STEP. 7

· 編織袋上的大弧線補上小斜線，增加立體感。
· 編織袋兩側加上斜線製造陰暗，讓袋子感覺更立體。
· 完成編織袋上方的吊桿。

STEP. 8

背景的木板用細線處理，左邊層架下和上方物件後面的木板，線條可以稍微畫密一點。

STEP. 9

最後幫物件加上陰影。這兩張圖的光源不同，陰影方向和暗度也都不同。可自行決定光源方向，統一每個物件的陰影方向和暗度即可。

STEP. 10

這樣，就完成這張圖囉。

▪ 淡水河釣

接下來，來挑戰風景畫。

步驟影片

首先，這張照片的構圖爲：前景 / 岩石和人、中景 / 海、後景 / 山和天空。視覺焦點落在前景全黑的人和岩石上。

在顏色層次上，前景最重，遠山和天空次之，河面是淺色區，最亮區是河面的反光。可以照著這樣的分配來做下筆依據，也可以創造出自己想要的層次。大原則是視覺焦點和次要東西明暗度是相反的；焦點重，則配角淡，焦點淡，配角則重。（但也有例外的時候，後面有案例說明。）

STEP. 1

這張圖將畫成滿版，先使用紙膠帶貼在畫紙四周，讓畫有個乾淨的邊框。接著用黑筆定稿，不用和照片完全一模一樣，抓出大概的輪廓線即可。前面的礁石和人會塗黑處理，所以不用擔心線條的乾淨度。

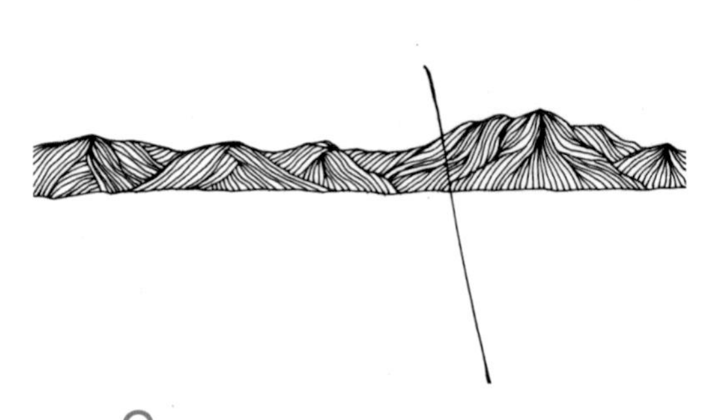

STEP. 2

用線條簡單處理遠山，山的區塊可隨意切割，沒有規則。

STEP. 3

接著把礁石和人塗黑，可以在這時修飾一下形狀。

STEP. 4

用鉛筆大概畫出河水亮面和暗面的分界線，以及反光亮點的地方。（因鉛筆線較淡，改以粉紅色表現）

STEP. 5

用尺畫出筆直的橫線，避開亮面及反光亮點的地方。

STEP. 6

礁石下重複補上線條，製造出礁石和人的陰影。

STEP.7

天空同樣用尺畫出一條條斜線。

STEP.8

最後撕掉紙膠帶，就完成一幅淡水河釣的風景畫囉！

▪ 樹叢中的黑貓

步驟影片

這張照片的構圖層次爲：前景 / 花草、中景 / 黑貓及草皮、遠景 / 小樹幹。視覺焦點落在黑貓上。顏色層次上，前景的花草和中景的草皮視覺是連在一起沒有界線的，但在畫作上，需要做出一些調整，將前後景區隔出來。

STEP.1

先用鉛筆定稿。

‧省略最後方的建築，保留樹幹作背景，讓畫面簡單乾淨。

‧中景地上的草皮，直接用黑筆畫，所以不打鉛筆稿。

‧前景植物，大概跟照片一樣即可，可以在空隙間隨意補上葉片，不用擔心合理性，花瓣也可以簡化形狀。

STEP.2

描好線框。（左方幾片葉子還沒上黑線框，留待畫草皮時，再來決定葉子的數量和走向。）

tips 黑貓下半身先不用上線框，等畫上草皮後再來處理。

STEP.3

· 用黑筆畫草皮，讓筆觸有左有右，不用太規矩，呈現雜草叢生的感覺。
· 黑貓上滿墨色，眼睛處留白。

STEP.4

· 草皮一路畫到底，越到末端，減少草的密度，製造出漸層感。
· 左邊剛剛留下沒上線的葉片補上。
· 幫前景植物加上簡單的葉脈線條。

tips/ 前景植物簡單處理，藉此與中景做出區隔，拉出距離及層次。

STEP.5

隨興在草皮選幾個地方加深，讓整片草地更有層次。

STEP. 6

最後，適度爲植物加些陰影線條，以免前景太白搶去焦點。

tips

- 這張畫的中景焦點部分，採用高密度線條加深的方式來凸顯。
- 前景採用大量留白與中景拉出距離。
- 後景密集的樹幹只是簡單的線條，視覺上並不會太重或太淺，完美退居後方。

▪ 舊金山海岸公園

步 驟 影 片

這張風景照構圖很簡單：前景 / 樹和涼椅、中景 / 海、後景 / 山（也可將海和山視為同一個層次）。視覺焦點是前景的大樹。顏色層次上，綠樹和涼椅最重，海及遠山為淡。

STEP.1

簡單用鉛筆打上線稿，樹葉大致訂出輪廓線即可。（因鉛筆線較淡，改以粉紅色表現）

STEP.2

先將地平線、椅子和樹葉畫上線框。

tips／ 把繁複的樹葉簡化成幾何形，但形狀的走向和分佈還是盡量符合照片。

STEP.3

在樹葉的每個區塊裡畫上細線。

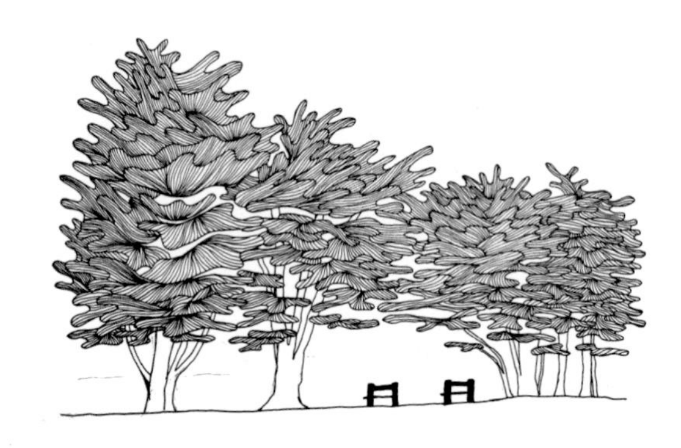

STEP.4

參考照片，畫出樹幹，並將椅子塗黑。

STEP. 5

樹幹塗黑。

STEP. 6

將樹葉每個區塊交接處加上暗面，製造樹的層次和立體感。

STEP. 7

中景的海用簡單的線條交代，遠山用點作出立體感即可。
前方地平線再加上斜線暗面，即完成這幅畫。

▪ 街頭店鋪

步驟影片

這張位於倫敦街頭的店鋪，將拿來練習去蕪存菁，此及如何在同一個平面創造出層次感。

當我們要畫這種看起來很複雜的景色時，先問問自己，吸引你想畫下來的原因是什麼？以及你想要呈現什麼樣的畫面氛圍感。以這張爲例，吸引我的是前方人們自在生動的聊天狀態，而他們身後的雜貨擺設爲整體營造出了一種樸實可愛的生活感。

首先，我們來看看畫面上可以保留哪些東西。
· 首先店鋪的範圍，可以將位於照片邊緣的建築物刪除，只保留店鋪的門面，讓視覺更集中。
· 店鋪外的四個大籐籃保留，但籐籃旁的掛袋皆刪除，讓畫面乾淨些。
· 爲維持招牌的完整度，刪除正中間那兩只吊籃。
· 刪除店外座位區最左邊的小桌子，讓畫面再簡化及聚焦。

STEP. 1

打線稿。

・把剛剛決定好的物件一一畫上去。

・我將四個大籐籃下的木箱裡加上蔬果，把白色紙張的數量減少，讓畫面豐富有趣些。

STEP. 2

完成線框。

STEP. 3

店鋪門柱及門框加上圖案，圖案可自由發揮。

STEP. 4

用線條簡單畫出編織袋，接著在大籐籃裡畫上日常雜貨。四個木箱內部加上線條，增加箱子的深度感。

STEP. 5

・四個籐籃後面的木板，用弧形片狀來裝飾，同時加上斜線增加暗度。
・補上四個木箱的立體面處理。

STEP. 6

・店鋪的門畫上裝飾線條。
・畫出店鋪層架上的物品，整體再打上一層斜線交代暗面。

tips／ 店鋪內的暗面先不要畫太重，留待最後整體審視時再來處理，免得一次畫太重造成最後無法調整。

STEP. 7

補上窗戶裡店內的情景，也是自由發揮喔！

STEP. 8

- 窗框及窗內區域都打上斜線處理成暗面。
- 店外座位區後方畫成一條條的木板，然後處理成暗面，將人物凸顯。

STEP. 9

簡單爲四個人物上色，線條不要太複雜，以免跟背景糊在一起。

STEP. 10

爲招牌設計圖案。我選擇保留 Verde（時尚蔬食）字樣，再用葉片和捲曲線條裝飾。

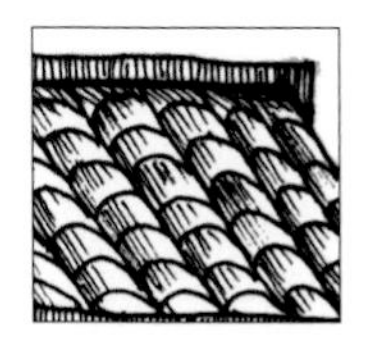

STEP. 11

我把屋頂改成瓦片狀。你也可以設計自己的屋頂。

STEP.12

接下來，處理整體層次。

- 店鋪裡層架塗黑。
- 整個店鋪內疊上線條讓暗度增加。
- 兩片窗內區域，同樣加深，尤其四個邊角的地方。
- 四個籐籃後面的大木板打暗，讓木板更有層次。
- 四人座椅下及身後的木條，可再加重。

STEP.13

- 爲四個人物加上陰影，腳底跟地板交接的陰影別忘了。
- 四個木箱下加上陰影。
- 招牌下方的橫木條加上斜線打暗。
- 建築物與地板交接處稍微加深。
- 爲地板簡單加上線條。

tips/ 這張圖焦點在前方四人和招牌名稱，其他地方都作暗處理。不過，暗面中也會有亮面，所以作畫時，最暗面最後再處理，如此才能掌握暗面的層次感。

▪ 卡頌的教堂 / 古斯塔夫．克林姆

步驟影片

最後，藉由經典名畫再創作，從中觀察他們的佈局和層次，同時也發揮自己的想像力，賦予名畫新風貌！

圖片來源｜維基百科 / 公有領域

這張畫的構圖可視爲四個部分：第一層是最前面的河和一排樹，第二層是中間錯落的建築物和周遭的樹，第三層是高聳的深色樹木區和大教堂，第四層則是遠方的樹林。

你可利用遠距離觀畫方式，判斷出畫的色彩層次和焦點所在。以這張爲例，遠看後，色彩共有三個層次：第一層是深色高樹，第二層是淺色建築物，第三層是綠樹。視覺焦點落在深色高樹及中心那棟矮建築物上。

有注意到嗎？這張的焦點同時有最亮也有最重，再次證明畫畫沒有絕對的規則喔！

STEP. 1

這張將要畫成滿版，所以四周先用膠帶貼起來。草稿上先打個十字，訂出中心大教堂的位置，再往旁往下大略抓出各部位的範圍，再從最底層慢慢往上把細節畫出來。

STEP. 2

完成線框。

STEP. 3

樹木的葉脈可以自由設計。中間建築物後方的樹木先單純用線條處理，待全部完成後，再視情況看是否需要加粗作變化。

★提醒

通常在自由創作時，我會先處理自己有想法的地方，很少事先規劃好全部的細節再下手，而是隨心情以及畫作呈現出來的感覺慢慢完成。有時想太多不敢下筆，且邊畫邊感受，畫作會有它自己的樣貌浮現，帶給你靈感。所以，我常說我是跟畫一起完成作品的。

STEP. 4

深色樹木部分，中心樹幹反白處理，讓黑色樹木本身不要太重沒層次。

STEP. 5

遠山樹林的部分，我用一排排的葉片來代表，有些葉片加上細線，讓整區有層次感。

STEP. 6

完成前方的河及草地。

STEP. 7

・建築物的窗戶補上墨色或密線條。
・將建築物的陰暗面補上。
・建築物區是淺色區域，屋頂線條盡量簡單。

STEP. 8

最後修飾。

・再補上每棟建築物的暗面處理。
・中間樹木區選擇幾株加上細線，讓此區樹木有層次。
・撕掉紙膠帶，再加上一條細框，即完成。

▪ 吻 / 古斯塔夫 · 克林姆

這張圖沒有太複雜的構圖及顏色層次，請大膽發揮想像力，爲金色外衣設計圖案，前方花草也可以畫上自己喜愛的植物。

步驟影片

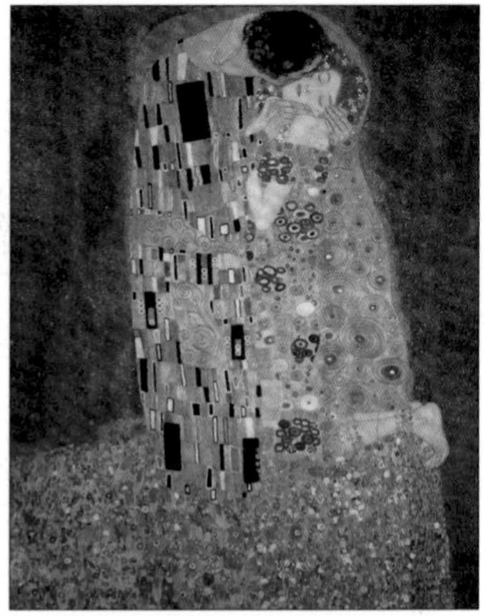

圖片來源｜維基百科 / 公有領域

STEP. 1

先大概用鉛筆打出輪廓線。（因鉛筆線較淡，改以粉紅色表現）

STEP. 2

畫上細節。

STEP. 3

先將前方確定的植物畫上線框。

STEP. 4

將確定的人物上好線框，女生衣著改成長髮。

STEP. 5

完成長髮細節。

STEP. 6

把男生袍子打成方格。

STEP. 7

再隨意切割每個方格。

★提醒

我想讓長髮成為被觀看的主要焦點，所以周遭的線條設計不能太複雜，故省略女方的衣服，直接用男生的大袍子來取代。

STEP. 8

格子再切割並上色。

tips 若不確定哪些格子該上色，可參考原畫。慢慢練習判斷畫面的平衡感。

STEP. 9

把前方植物顏色處理完成。

tips 現在才處理是因為要先確定主角人物的墨色濃淡程度，才能決定前景怎麼調配。

STEP. 10

用長髮將前方植物區的空隙處補滿。

STEP. 11

在人物周遭加上藤蔓感的植物，製造被包圍的感覺，也讓畫的層次更豐富。

STEP. 12

把長髮的層次和厚度感做出來。

STEP. 13

男生袍子視覺上太淡，所以再切割及上色，讓視覺上和女生是同一層次。

STEP. 14

- 補上人物的五官，身體用點點交代陰暗面。
- 再用濃密的點點把人物包圍，營造出浪漫氛圍。

▪ 星夜 / 文森．梵谷

梵谷有名的畫作，充滿各種線條，最適合拿來運用黑筆再創作。

步驟影片

圖片來源｜維基百科 / 公有領域

這幅畫的構圖及顏色明暗有三個層次：一是最前方的黑樹，二是中間的村莊和山，三是天空。焦點可以是前方的樹也可以是月亮。（這裡也出現了焦點同時有最亮也有最暗的情形）

STEP.1

畫紙四周貼上紙膠帶後，大概畫出各區的輪廓線。（因鉛筆線較淡，改以粉紅色表現）

STEP.2

村莊部分只保留幾間，其餘改用幾何形來代替。

STEP.3

上線框。天空還不確定怎麼畫，先不上線框。

STEP.4

前方的幾何形用粗細不同的同心圓錯落，製造豐富層次感。

STEP. 5

右邊的天空加上一隻大魚，因爲我將同心圓視爲海浪，所以依據畫面聯想及個人喜好，決定加入一隻魚。

★提醒

同心圓可視為海浪或者樹叢，也可以不用定義，完全是個人創作詮釋。我們可以畫上任何形狀，由自己來定義它。

STEP. 6

村莊簡單用線條表現。

STEP. 7

完成前景樹葉部分。

STEP. 8

爲魚身設計圖案。魚身線條沒有太繁複，因爲在層次上，牠不是焦點。

STEP. 9

確定雲彩的分佈及走向後，用鉛筆訂出來。

STEP. 10

先用虛線完成雲彩線條。

STEP.11

雲彩我是邊畫邊感覺，最後決定整片鋪上虛線，避開幾個大圓和月亮區域，讓它們凸顯出來。有些線條改成墨線，讓天空的明暗度不要太單一，有些亮點出來。

STEP.12

遠山選擇用點表現，跟周圍的虛線作區分。

STEP.13

最後審視畫面調整。

- 天空大圓，部分線條加粗，讓大圓看起來較有層次。
- 前方同心圓海浪，在部分的圓裡補上細線，讓該區暗度再降一些，不要太顯眼。

這樣，就完成了這幅奇幻的星夜喔！

▪ 瑪格麗特 / 亞美迪歐．莫迪里雅尼

步驟影片

圖片來源｜維基百科 / 公有領域

莫迪里雅尼的人物都是特別的身形，怪異但迷人。
我想用這張畫，讓大家擺脫畫人物時會遇到的各種比例上的擔憂，將重點放在神韻和氛圍感受，畫出不同的人物畫。

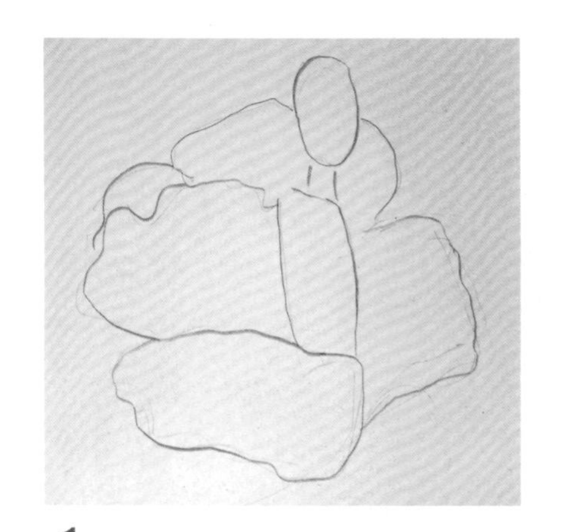

STEP.1

我想將這張的背景改成一朵大花。（因鉛筆線較淡，改以粉紅色表現）

STEP.2

畫出細節。

STEP.3

完成線框。

STEP.4

先畫上主葉脈。

STEP. 5

畫上次葉脈。

STEP. 6

補上最細的葉脈。每片花瓣的細葉脈密度不盡相同，帶出視覺層次感。

STEP. 7

用簡單的線條和一些點來交代女人的重點部位，讓她在視覺上跳出來。

STEP. 8

女人身體和花瓣交接處加深暗面，製造她是從花朵裡浮現的視覺效果。接著在花朵周圍加上一些黑圓點綴畫面。

tips/ 有時在背景適時地加上黑點或是線條，可以幫助整體畫面看起來更完整豐富。

STEP. 9

最後，把身體和花瓣交接處暗面再加重一些，就完成囉～

chapter 5
總結

· 焦點要留白還是處理成暗面，依照個人選擇，沒有絕對好壞。

· 層次是繪畫裡很重要的一個元素：
明暗層次可以讓平面的畫作變得立體生動。
構圖層次可以幫助觀者更容易進入畫中世界。

· 自由創作時，可事先規劃細節，也可邊畫邊感受，找出你自己最舒服的作畫方式。

最後，

不要想太多，畫就對了！ Enjoy it ～

跟著瑪姬這樣畫

一支黑筆就能畫的零基礎插畫課

2024年5月1日初版第一刷發行

作　　者　瑪姬 Maggie
編　　輯　王玉瑤
封面・版型設計　謝小捲
特約美編　梁淑娟
發 行 人　若森稔雄
發 行 所　台灣東販股份有限公司
＜地址＞台北市南京東路4段130號2F-1
＜電話＞(02)2577-8878
＜傳真＞(02)2577-8896
＜網址＞http://www.tohan.com.tw
郵撥帳號　1405049-4
法律顧問　蕭雄淋律師
總 經 銷　聯合發行股份有限公司
＜電話＞(02)2917-8022

跟著瑪姬這樣畫：一支黑筆就能畫的零基礎插畫課 / 瑪姬 Maggie 作 . -- 初版 . -- 臺北市：
臺灣東販股份有限公司 , 2024.05
234　面；21×20 公分
ISBN 978-626-379-354-5（平裝）

1.CST: 插畫 2.CST: 繪畫技法

947.45　　113004071